幼稚園における
道徳性の芽生えを
培うための事例集

平成13年3月
文部科学省

まえがき

　学校教育においては、幼稚園段階から高等学校段階まで、発達段階に応じて道徳教育が行われています。幼児期にふさわしい道徳性の芽生えは、幼児が、家庭や幼稚園で他の人々と共に生活し、他者とのやり取りを重ねていく中で培われていきます。

　幼稚園において、道徳性の芽生えを培うためには、教師一人一人がその理解を深めた上で指導が行われる必要があります。

　本書は、第1章で幼児期の道徳性の発達についての基本的な考え方について、第2章で教師が指導する際に配慮することの基本的な考え方と指導計画作成の手掛かりについて、そして、第3章では具体的な事例を通して、道徳性の芽生えにつながる幼児の姿と教師のかかわりなどについて、幅広い角度から述べています。

　本書が積極的に活用され、各幼稚園における日々の保育の実践の手掛かりとなり、幼児期にふさわしい道徳性の芽生えを培う幼稚園教育の充実が図られることを願っています。

　最後に、本書の作成に当たって、終始熱心に御協力くださった各位に対し、心から感謝の意を表する次第です。

　　平成13年3月

文部科学省初等中等教育局長
矢　野　重　典

目　次

第1章　道徳性の芽生えを培うための指導の基本的考え方

第1節　幼児期と道徳性 ……………………………………… 2
　1　道徳性の基盤とその発達 …………………………………… 2
　2　幼児期の道徳性 ……………………………………………… 5
　3　幼児期の道徳性の発達を促す経験 ………………………… 9

第2節　幼稚園における道徳性の芽生えを培うための基本的な考え方 …… 13
　1　子どもを受け入れ、認める ………………………………… 14
　2　多様な人・生き物・ものと細やかにかかわる …………… 15
　3　他者との交流・協力を大切にする ………………………… 17
　4　集団生活のルールやきまりの意味に繰り返し触れる …… 18

第2章　道徳性の芽生えを培うための指導と指導計画作成の手掛かり

第1節　生活の中で学ぶ ……………………………………… 22
　1　幼稚園生活で起こる様々ないざこざや葛藤(かっとう)の中で学ぶ …… 22
　2　ゆっくりと時間をかけて幼児と向き合う ………………… 25

第2節　教師が適切な役割を果たす ………………………… 30
　1　幼児の行動の意味をより深く理解する …………………… 30
　2　状況に応じた多様なかかわりを大切にする ……………… 33

第3節　人とのかかわりを通して学ぶ ---------- 37
 1　一人一人の幼児の状態に沿う ---------- 37
 2　友達と遊ぶ面白さを知る ---------- 38
 3　ルールやきまりの意味を知る ---------- 39
 4　幼児の自尊心を大切にする ---------- 41
 5　トラブルを通して学ぶ ---------- 41
 6　遊びの中で公正さを学ぶ ---------- 43
 7　必要に応じた細やかな配慮をする ---------- 45
 8　多様な人々とのかかわりをもつ ---------- 46

第4節　家庭との連携を図る ---------- 48
 1　幼稚園を親と子の育ちの場ととらえる ---------- 49
 2　幼稚園を子育てを啓発する場として活用してもらう ---------- 53

第5節　幼稚園全体の協力体制を整える ---------- 55
 1　幼稚園全体で幼児理解を進めていく ---------- 55
 2　幼稚園全体で指導観を共有していく ---------- 57
 3　チームで保育を展開していく ---------- 59
 4　教師間の協力体制をつくる ---------- 60
 5　小学校との協力体制をつくる ---------- 62

第3章　道徳性の芽生えを培うための指導の実践事例
～人間関係の広がりと生きる喜び～

1　道徳性の芽生えと教師の役割 ---------- 66
 初めての集団生活の中で ---------- 66

- ・他者の存在に気付く ―――――――――――― 66
- ・幼稚園生活のきまりを知る ―――――――――― 72
- ・順番が分かるまでに ―――――――――――― 77

友達とのかかわりを深める中で ―――――――――― 81
- ・よいことや悪いことに気付く ―――――――――― 81
- ・遊びのルールを守るようになるまでに ――――― 86
- ・みんなのものを大切にする ―――――――――― 93
- ・けんかを通して学ぶ ―――――――――――― 97

みんなと生活する中で ――――――――――――― 101
- ・集団生活の約束を守る ――――――――――― 101
- ・障害のある幼児とともに ――――――――――― 104

様々な人々との交流の中で ―――――――――――― 108
- ・高齢者との交流の中で優しさに触れる ――――― 108

小さな生命との出会いの中で ――――――――――― 113
- ・小さな生命に愛着をもつ ――――――――――― 113
- ・生命の大切さに気付く ―――――――――――― 117

2 幼稚園生活の充実と教師の役割 ―――――――― 122
- ・幼児の成長を温かく見守る ―――――――――― 122
- ・教師間の協力体制をつくる ―――――――――― 130
- ・一人一人の成長と学級経営 ―――――――――― 137

付録

幼稚園教育要領 ――――――――――――――― 146

カット・深沢真由美

第1章

道徳性の芽生えを培うための指導の基本的考え方

　第1章では、乳児期から幼児期にかけての道徳性の発達にかかわる基盤とその発達を促すものは何かなど、乳幼児期における道徳性の発達についての基本的な考え方について述べている。
　幼児は、集団生活の中で、遊び等を通じて、自分と他者の調和を図る態度や行動を次第に身に付けようとする姿を見せる。それを引き出す環境を整え、さらに伸ばすよう、様々な役割を果たして幼児とかかわっていくことが、教師に求められる。また、幼児期は、自分の行動について客観的に考えることや、善悪の判断がまだできにくい時期であり、親や教師から認められたり、褒められたりするとよいことなのだと考え、逆に注意されたり、叱られたり、拒否されたりすると悪いことなのだと次第に知るようになる。したがって、教師は、家庭と連携しつつ、適切な働き掛けを行うことが必要になる。周りの大人のこうした様々な対応により、「してよいこと」「してわるいこと」などを判断しながら学んでいく。
　幼稚園では、これら全体を踏まえて、好ましい道徳的な判断力や、善悪に対する好悪の感情の基盤となる道徳性の芽生えが培われるよう、繰り返し丁寧に指導している。
　この章では、幼児期にふさわしい道徳性の芽生えが培われることへの基本的な理解が深まることを期待したい。

第1節　幼児期と道徳性

　人間は、社会の中でみんなと一緒に生きていく存在である。そのためには、その社会の人々が共通にもっている価値観を受け入れつつ、自分の欲求や行動を実現していくことが必要である。道徳性の発達は、他者や社会と調和した形で自分の個性を発揮できるようになることである。人は、他者と共に生活する中で、社会のルールに合わせて自分を抑えようとする力を身に付けるとともに、人間として自分らしく生きる力を培っていく。また、変化する社会の中でたくましく生きる力を身に付けるためには、単に社会のルールに合わせるだけでなく、自他双方の欲求や充足感をより調和的に実現する方法を考えることが必要になる。さらには、他者と共によりよく生きていくためのルール等をつくり、よりよい社会にしていく力を身に付けていくことも必要になる。

　すなわち、道徳性の発達のためには、特に、1) 他者と調和的な関係を保ち、自分なりの目標をもって、人間らしくよりよく生きていこうとする気持ち、2) 自他の欲求や感情、状況を受容的・共感的に理解する力、3) 自分の欲求や行動を自分で調整しつつ、共によりよい未来をつくっていこうとする力が必要である。その基盤を培う時期として、幼児期は大変重要な時期であるといえる。

1　道徳性の基盤とその発達
（1）基本的な信頼関係と生活のリズム
　私たちは、生まれた時には上述のような道徳性はもっていない。しかし、

他者と共にあり、他者に合わせようとする、他者との間の基本的な信頼関係を求める欲求は初めからもっている。この対人的な志向性は、人としての基本的な信頼関係と密接に関連している。乳児は、限られた形ではあるが、早くから、泣いたり笑ったりして自分の身に生じている快・不快の状態を養育者に伝えたり、養育者の動きに合わせて対応することができる。乳児は、養育者とのやり取りを通して、徐々に養育者に合わせて一緒に生活していく感覚をもつようになり、その生活のリズムを身に付けていく。それは、意識的になされるわけではないが、後にいろいろな人々と社会生活を行う上で必要なルールに合う行動をとることにつながっている。

　また、他者の感情に対する感受性も早くから見られ、乳児であっても養育者と同じ表情をする等、養育者の感情表現の違いに応じることができる。そして、養育者との様々な交流によって心のつながりができ、そのつながりを維持したいという気持ちや、そのために自分の感情や動作を相手に合わせようとする気持ちをもつようになっていく。乳児の感情や動作に養育者が応えることは、乳児にとっても自分の感情や動作が抑制できることの経験となる。このことは、後に自分で自分の感情や動作を調整することにつながっていく。

　乳幼児期の身体的・情緒的発達に合わせて、大人のかかわり方は変化する。乳児期では乳児を保護し欲求への充足を助けるだけであったかかわりが、幼児期になると、自ら適切な行動がとれるように働き掛けるかかわりになる。いわゆる社会化の開始としてのしつけが始まる。大人は、まず危険な行為を制止し、生活習慣を身に付けるようにしつけを行おうとする。幼児は、大人や周りの人のまねをしたり、大人の言うことを聞いたりするかかわりを通して、徐々に適切な行動様式を身に付けていく。幼児は、信頼している大人であればあるほどその言葉などを聞き入れるし、禁じられ

ていることをするときは、大人の顔を見ようとすることもある。このようなかかわりを通して、言われなくても禁止されたことをやらないようになり、大人の期待に応じることが徐々に可能になっていく。そして、大人が示す制止や自分の行動に対する対応から、人とかかわっていくためには、やらなければいけないこと、やってはいけないことなどがあるということを漠然と感じるようになる。

（2）自他の分化と反抗期

　子どもは知的・社会的に発達するにつれて自他の分化が進み、自分の意志がはっきりしてくる。そのため、養育者によるしつけと自分がやりたいことがぶつかることが意識され、自他の分化は更に促される。つまり、しつけによって自分の欲求を抑えることを学ぶと同時に、自分は養育者とは異なった存在であり、養育者とは異なった意志をもつことが意識される。また、自己意識が強まることで、反抗期が始まる。自分の行動を自分で調整する力を培うためには、幼児が自分の意志をもち、それを主張し実現できるということと、自分の欲求を抑えるという二つの面が必要であるが、しつけの意味は、その両面を促進し、調和させていくことにある。そして、自分という意識が明確になるにつれて、自分なりに考え、自分なりに理解したいという気持ちも芽生えてくる。

　以上のように、人生のかなり早期から道徳性の基盤は培われているが、初めのうちは、それは自他が分化した上でのものでもないし、自他の行動の意味やそれが引き起こす結果を意識した上でのものでもない。道徳性の発達は、乳幼児期から培われている他者への興味・関心や他者に合わせようとする基本的な信頼関係に始まり、やがて他者への共感性を豊かにしながら、自分とは違う他者を意識するようになり、自他両方の視点を考えて、

自分の欲求や行動などを調整できるようになる過程を経て、達成されていくといえる。幼児期の道徳性について考えるときは、この文脈の中でその特質や位置を考える必要がある。

2　幼児期の道徳性
（1）他律的な道徳性と自律的な道徳性

　幼児の生活が広がり、いろいろな人とやり取りをしていくと、「やってはいけないこと」「守らなければならないこと」なども増え、大人からの直接的な働き掛けも多くなっていく。そして、幼稚園に入ることによって、家庭内のルールだけでなく、幼稚園で集団生活をする上での多くのルールを守ることも要請されるようになる。一方、自我意識が強まるとともに、自分の意志で自分が思う通りにやりたいという意識も強まり、大人の期待にそうこととの葛藤(かっとう)も生じる。

　幼児は、自分なりに考えて行動することもあるが、「大人に言われたから」「怒られるから」など、信頼する大人の言うことを正しいと考え、結果としてそれに従う傾向が強い。大人に保護されて生活し、大人を信頼し尊敬している幼児にとって、大人は常に正しく感じられるため、行ってよいことと悪いことの判断も大人の諾否に基づいてなされることになる。ルールやきまりに関しても、「先生に言われたから」「決まっているから」守るという場合が多い。こうした意味で、幼児期は基本的に他律的な道徳性をもつ時期であるといわれる。

　しかし、幼児であっても、自律的な面はもっている。例えば、物を壊したり相手を泣かせたりすると顔色を変えることや、泣いている子を慰めようとすることが報告されており、大人に言われなくても行ってよいことと

悪いことは漠然と感じていると考えられる。人をたたいて泣かせることなどは大人に怒られなくても、あるいは「やってはいけない」と言われなくても悪いことと判断するという報告もなされている。幼児も、他者とのかかわりの中で、状況によっては、相手の反応から自分がしたことはよかったのか悪かったのか考えることができるのである。

　ただし、幼児は自分の視点から物事を見ていくため、現在自分の目に見えている状態から考える傾向にある。幼児は、何かを壊してしまったという物理的結果や泣かせてしまったという目に見える変化、あるいは自分が怒られたという自分にとって一番分かりやすい結果に基づいて、行ってよいことと悪いことを判断しがちである。つまり、相手の気持ちや意図など目に見えないことを考慮することは難しい。具体的に目に見えること以外は、自分の行動が何をもたらしたのか気付かないために、「悪いこと」を「悪い」と思わないことも多い。そのために、大人から見れば善悪の区別がつかないということになるが、幼児も幼児なりに行ってよいことと悪いことを感じたり考えたりしているのである。このような意味で、幼児と大人の善悪の判断にかかわる違いは、何を悪いと感じるか、その結果のとらえ方における視点の差にあるということができる。

（2）幼児期の遊びと道徳性

　幼児は、遊びなどの中で人とのかかわりを通してものの見方が発達し、空想の世界を楽しんだり、相手を自分なりに想像して考えたりできるようになり、相手の心を傷つけたことなど、相手のことをある程度思いやることができるようになっていく。「うそをつく」「約束を破る」というようなことについても、行為そのものが悪いというよりは、怒られたので悪いというとらえ方から、徐々にそのことが相手の気持ちを傷つけ、互いに仲良

くできないから悪いというとらえ方に向かって変化していく。

　共感や思いやりについても、そのものの見方の発達とともに行動は変化するものである。自分と他者の気持ちの区別ができないうちは、自分にとってよいことは他者にとってもよいと思ってしまうため、適切な思いやり行動は難しい。他者と様々なやり取りをする中で、自分と他者の気持ちや欲求は異なることが分かるようになり、それとともに自分の立場からの自己中心的な感情理解ではなく、自分の気持ちとは異なった他者の気持ちを理解した上での共感や思いやり行動ができるようになっていく。

　様々な生活上のきまりも、幼児期はなぜ守らなくてはならないのか、その必要性を分からずに守っている場合が多いが、生活をする中で誰かが守らないとどうなるのかが徐々に分かるようになっていく。そして、ただ単に大人の言うことに従う、決まっているから守るということが減っていき、必要性を理解した上で守ることが増えていく。特に幼児の遊びを見ていると、友達と楽しく遊ぶためにはルールに従うことが必要だということを遊びの中で学んでいる。幼児は、友達と一緒に遊ぶ中で、楽しく遊ぶためには参加した自分もルールに従う必要があること、時には自分たちでルールをつくったりつくり変えてもいいことも、徐々に分かっていく。つまり、道徳性の発達には遊びが大きな意味をもつのである。

（3）調和的な人間関係と外の世界を知的にとらえる力

　さらに、児童期・青年期と発達が進むにつれ、直接的で具体的な手掛かりだけでなく、間接的で抽象的なものも考慮できるようになっていく。また、様々な状況や人々・集団などの特性を考慮したり、一時的なとらえ方でなく長期的な視点から考えられるようになっていく。他者への共感や思いやりも、目に見える手掛かりに基づくものからより間接的な手掛かりへ、

更に目の前の直接的な状況だけでなく一般的状況も考えられるようになっていく。道徳性の発達は、その基本的なところで、このような外の世界を知的にとらえる力が発達することと他者の視点に立って考えられる力の発達に支えられて成り立っていくのである。つまり、子どもは、その発達の流れの中で、自他の視点の分化や関連づけが進み、自分の視点とは異なった様々な視点に立てるようになる。そのことを通して、直接やり取りをする他者の視点から一般的な他者の立場を理解し対応する視点へ、さらには、集団や社会の状況や特性をも考慮する視点へと広がっていく。そのことにより、人間関係や道徳性の芽生えについて、より適切な理解や判断が可能になっていくのである。

　本節の初めに、道徳性の発達には、1）他者と調和的な関係を保ち、自分なりの目標をもって、人間らしくよりよく生きていこうとする気持ち、2）自他の欲求や感情、状況を受容的・共感的に理解する力、3）自分の欲求や行動を自分で調整しつつ、共によりよい未来をつくっていこうとする力の3つが必要であると述べた。

　道徳性の発達に影響を与える中心的な要因は、一般的には、2）の理解する力、つまり外の世界を知的にとらえる力であると考えられるが、1）の他者と調和的な関係を保とうとする気持ちは乳幼児期から一貫して見られ、それは、道徳性の動機づけとして重要であり、道徳性の発達を根本で支えているものである。したがって、発達の初期からある基本的な信頼関係を大切にし、また、ゆがまないように配慮することが大切なこととなる。さらに、幼児期は、3）の自分の欲求や行動を自分で調整する力が増大する時期であるが、その増大は外の世界を知的かつ共感的にとらえる力の発達と関連している。他者の内面の理解が進み、他者も自分と同じように意志や願望をもつこと、それが時に自分の側と対立することに気付くようになる

と、その対立を解消するために、自己を抑制することができるようになっていく。そして、自分が何をやったのか、自分がどうすればどうなるのか、何のためにそうしなければならないのかといった見通しがもてるようになることも、自己を抑制しつつ自分らしさを形成していくことになる。

3　幼児期の道徳性の発達を促す経験
（1）大人による働き掛け

　幼児の行動の抑制は、まだ自発的というより大人に言われてなされることが多い。幼児は、基本的に大人の言動に基づいて行ってよいことと悪いことを学んでいく。幼児も自分なりに考えて自分の行動や考え方の基準をつくっているが、それは大人の言動や自分の行動に対する大人からの応答に基づいていることが多い。また、不確かで漠然とした考え方を大人の言動によって確認しようとするので、大人の対応は重要である。そのため、行ってよいことと悪いことをはっきり示していく必要がある。ただし、大人が権威・服従関係に基づいて一方的に教え込む関係に偏ってしまうことは、他律的傾向を強めることになってしまう。大人は、幼児が何をやったのか、その行動の何が悪かったのかを考えさせるための情報を与えたり、幼児が気付かないことに気付くように援助することにより、発達を促すことができる。幼児は、直接的に目に見えるようなものを手掛かりに考える傾向があるが、大人が他者の意図や感情に気付かせるような働き掛けをしたり、自分の視点とは異なった視点、特に他者の視点から考えるように促すことにより、道徳性の発達は進むのである。

　時には、気付くのを待たずに大人が指摘することが必要な場合もある。その際には、なぜ悪いのか、なぜ守る必要があるのかを、幼児にも分かる

ように説明することが必要である。また、ルールの中には決まっているから守るというものもあるし、幼児には守る必要が分からないルールもあるが、従わせるために罰や脅しを使うことは、強い不安や恐れを引き起こすため、自分なりに考えようとする気持ちを萎縮させ、何が悪いのか考えずにただ罰を避けるために従うようにさせてしまう可能性がある。そのような経験を重ねてきた子どもが思春期になり、大人から権威が失われれば、その子にとって社会のルールや価値は無意味なものになってしまうことがあり、時によっては子どもの荒れや非行につながることもある。

（2）仲間とのやり取り

　幼児が、自分で考え、自分で行うようにする上では、対等な仲間とのやり取りが重要である。なぜならば、幼児にとって、大人は信頼と尊敬の対象であるため、大人の言うことはいつも正しいと考え、結果としてそれに従うという関係になりやすいが、友達同士であれば、自分なりに考え、自分で気付く場になりやすいからである。

　友達と共に生活し、遊ぶ中では、相互の欲求が対立することも多く、けんかやトラブルが発生することも多い。いざこざや葛藤(かっとう)を経験することにより、幼児は自他の立場が違うこと、他者も自分と同じようにそれぞれの意志や欲求、感情をもっていて、それは自分のものとは異なることに気付いていく。自分の視点からだけでなく、相手の視点からも考えられるようになることは、幼児が自分なりにつくる行動や考え方の基準をより適切なものにし、思いやりや行ってよいことと悪いことの判断の発達が促される。また、いざこざを解決するために、自分を主張する一方、時には自分の欲求や感情を抑えることが必要なことに気付き、自己を抑制する力もついていく。きまりの必要性も、友達との日々の生活の中で誰かがきまりを守ら

なかったために起こった問題に気付くことにより、理解されるようになっていく。

　また、友達は自分と似ているという仲間意識をもちやすいし、共に生活し、遊ぶ中で、経験や感情を共有することも多く、やり取りを通して楽しさや親しみを感じるようになる。やり取りの楽しさは、それぞれが異なっていることによっても強められる。そして、一緒に楽しく過ごしたいという気持ちが、そのためにはどうしたらよいのかを考えたり、欲求や考えがぶつかっても何とか調整してやり続けたいと思う源泉となる。特に経験を共有して親しみを感じる友達、情緒的な一体感をもてる友達ができることなどにより、共感や思いやりの気持ちをもちやすいので、よい仲間関係をもつことが道徳的行動を動機づける上で重要である。

（3）他者との信頼関係

　大人からの働き掛けを受け入れられるかどうかには、幼児と大人との関係の有り様が深くかかわる。信頼関係がなければ、幼児は大人の言うことに従って、よい行動を行ったりよくない行動を抑えたりする気持ちにはならない。また、自分で考えようという気持ちをもち、自分の考え方をより適切なものにしていこうとするためにも、幼児が基本的に安定感をもっていることが必要である。不安であったり自分を発揮できていなければ、そのような気持ちはもてない。また、幼児がよい行動をしようという気持ちや他者を尊重する気持ち、他者への思いやりをもつためにも、周りの人から受け入れられているという安心感をもっている必要がある。周りの人から受け入れられ、その人たちが自分のよい行動を認め喜んでいると感じるからこそ、そのような行動をしようという意欲がわく。自分を大切にし、共感的に対応してくれる人がいて、自分の気持ちは分かってもらえると思

えるときに、幼児は他者の気持ちも考えようとするのである。

(4) **自分でやり遂げる経験**

　自分がよい行動をした喜びや誇りを感じさせることは、思いやり行動の発達を促す上で重要であるが、他者との関係だけでなく「自分の意志で行動し、自分でやり遂げる」ことの経験も必要である。人は、自分の意志でやって思うような成果が得られるとき、「自分がやったのだ、自分でもやれるのだ」という充実感を感じ、自己肯定感をもつことができる。ルールを守ろうという気持ちや、よいことをしようという気持ちをもつためには、そのような充実感や自信が必要である。

　また、うまくいかないことにぶつかったとき、あきらめずに乗り越えることができるためには「自分がやりたい、自分の手でやりたい」という欲求に支えられていることが必要であり、幼児は興味や関心をもっていろんなことを行う中で、自己を抑えつつよりよい方法を見つけていく。このことは、幼児期の道徳性の発達だけではなく、将来にわたって、人間として自分らしくよりよく生きていくためにも必要な経験といえる。

第2節　幼稚園における道徳性の芽生えを培うための基本的な考え方

　幼児期は、まず自分自身を充実させ、その力を外に向けて広げていく時期である。そこから自分の心の思いや願いや力が外にあふれていき、外の世界へのかかわりへと展開していく。そのかかわりが広がるにつれて、次第に外の世界にある諸々の人やものの存在に気付き、その特徴が分かっていく。自分がどうかかわると、外の世界の諸々が各々独自の特徴をもって、どう反応していくかの見当がつき、その面白さや不思議さに気付いていく。しかし、同時に、幼児は自分の思うようにならない現実にぶつかり、ものが思うように動くとは限らない、人が自分の思い通りに行動してくれるとは限らないということに気付くことが大切である。

　そこで幼児たちは、戸惑い、考え、また自分の様子にも気付き、再度かかわりを試みていく。自分が他者とは異なるところをもちながら、幼稚園で一緒に生活することで、他の幼児が困ったり面白く思うのと同じように、自分も気分が落ち込んだり、うれしくなったりする。大勢のうちの一人としての自分に気が付くうちに、共に同じ考えのもとで振る舞うからこそ、うまく遊べたり、生活できることが分かってくる。しかし、時に自分の思いが強すぎたり、感情が激しすぎて、一緒にうまく動けないし、つまらなくなることもある。したがって、そのことを通して自分を抑制することも必要だと分かる。

　このようなことが、幼稚園生活を送る中で、至る所で起こっている。その過程を教師と共に丁寧に踏んでいくことで、生活のきまりや遊びのルールに気付き、守ろうとする気持ちが育っていく。幼児期の道徳性の芽生え

は、教師の働き掛けの有り様に極めて大きく左右されるのである。

1　子どもを受け入れ、認める

　発達の基本として自己を発揮できることが始まりにあるが、その更に根本には、自分がそこにいてよいと認められ、何をしようとその場に受け入れてもらえる安心感をもつことが必要である。受け入れてもらえるとは、悪いことをしようと何をしようと、すべて是認されるというのではない。仮によくないと叱られたとしても、その根底には受け入れてもらえるという基本的な信頼関係が成り立っていることである。

　信頼関係が成り立つということには、教師に受け入れられ、甘えるようなこともあり、困ったときに頼りにすることもあり、また、叱られるようなことがあっても、いつも見守ってくれるという意識がもてるような関係にあることである。

　周りの幼児との関係の中でも、相手が自分を認めている、自分も相手を認めるという感覚が成り立つ。さらに、相手が訳の分からない存在ではなく、どうするか見当がついたり、思いがけないことをしても、そのうち、意味が分かってくると思えるようになることが大切なのである。

　そこから次第に、自分の内面の思いを外に向けていく。いわば自分の足で外の世界に足を踏み出そうとしていくのである。やりたいことがあれば、外にあるものや人に向かい、思い切って働き掛けてみる。ものに対しては、おずおずと触るところから、次第に大胆にいじり、動かし、手にとって遊ぶように変わっていく。次に、関心はそのものや人の動き自体に移り、ますますかかわりが深まっていくと同時に、他者の視点からものや人を見るという力が身に付いていく。そうなれば、思う存分活動して、そこで生じ

た変化に更にアイディアを加え、次々に活動を展開するだろう。
　そのうちに、その活動は幼児自身を変えていく。その肯定感から自分らしさを見つめていくのである。そのことは、それまでの失敗を乗り越え、あるいは、外の世界の訳の分からなさに戸惑い自信を失っていたところから回復し、更に自分の世界を広げていくことへとつながっていく。自分を受け入れ、自分らしさを大事にしつつ、その可能性を広げていく自分にも自信をもつのである。
　これらの自己を発揮する過程が、その後の発達の基盤となる。まず、この時期を十分に経るかどうか。そこに幼稚園の意義がある。

2　多様な人・生き物・ものと細やかにかかわる

　幼児の活動が外の世界に向けて広がっていく。その外の世界とのかかわりを豊かにするものが道徳性の発達を促すとするならば、その外の世界とのかかわりを豊かにしようとする過程を道徳性の芽生えを培う一端としてとらえていく必要がある。特に、幼児の周りの様々な人・生き物・ものに気付き、かかわりを広げていく過程が重要である。道徳性の発達は、相手や状況に応じて、適切な振る舞い方を判断していくことでもある。相手の気持ちに配慮するといったことを含めて、自他の関係を調整して、更にもっと大勢の関係の中で適切に振る舞えるようにすることである。
　世の中には様々な人がいる。幼稚園にもいろいろな幼児がいる。同じ幼児でも、時と場合により、機嫌も元気な様子もやってみたいことも変動していく。そのことと同様に、周りにはいろいろな生き物が生きている。ハムスターは手のひらに乗るが、ウサギは抱っこも大変かも知れない。チューリップとタンポポでは形態から何から違っている。そしてまた、同じ「も

の」といっても、紙と木の板ではまるで特徴が違っていて、はさみで切れるものとそうでないものであるし、たたくとその音も異なる。ドングリといえば同じようであるが、よく見ると、種類によっていろいろな形がある。

　このように違いつつ、同じところもある。どれもたたけば手ごたえが返ってくる。しかし、水ならたたくと水が飛び散るが、地面だとどんとへこむ。動くという共通の特質をもっていても、動物なら独特の動きをするが、植物は風にそよぐ。一つ一つ周りにあるあらゆるものは、独特の特質をもちつつ、共通の動きや性質ももつのである。こうしたあらゆるものに対し、いかにかかわるか、また、種々の工夫によりいかに新たなものを生み出していくか、このことを通して、幼児は自分の力の発揮の仕方や手ごたえの感覚を変えていくのである。

　特に人に対してかかわるときに、気持ちの触れ合いと交流を感じ取る。同じ気持ちになったり、違う気持ちになったり、また違いつつ共鳴したりする。どうしたのだろうと分からなくなり、気持ちを理解しようと手を伸ばす。気持ちの行き所がなく、困っているところを手を差し出して助けたいと願う。思いやりとは、このような気持ちの動きのことなのである。その思いやりがあるからこそ、人間関係の在り方が、各々の人を生かすものになり得るのである。

　また、生き物にかかわる際に、その動きを可能にしているもの、すなわち命に気付いていく。その命が豊かで個性的な動きを示す。しかし、死んだり、枯れたりすれば、その動きを失い、命あるものでなくなってしまう。そのはかなさと、命ある間に示す輝きに幼児の心も激しく揺り動かされる。命の大切さに対する感性のもとが生まれる。その感性が、人を大切にして、人間関係を調整していく気持ちの芽生えとなっていくのである。

3　他者との交流・協力を大切にする

　他の幼児とかかわるとき、相手と短いやり取りをするだけでなく、一緒に何かをつくり上げたり、複雑な活動を行ったりする。その際には、単に前もって分かっているやり方に各々が従うだけでなく、その時々に話し合ったり、相手がすることに応じて自分の出方を変えたりしつつ、共に活動していく。各々のやりたいことを持ち寄り、それぞれの思いが実現するようにする。その上に、その実現するものが、幼児一人一人の初めにイメージしたものを超えた新たなものに発展することも珍しくない。

　そこでは、自他を共に生かし、新たなものをつくり出す経験をすることになる。自分の気持ちを抑えて、ないものとして、相手に合わせるとか、逆に、相手の気持ちを抑えつけて、無視して、自分の思うようにするというのではない。互いの気持ちを何とか生かそうとする。しかし、そのためには、多少は、また一時的には我慢もするだろう。その我慢も一方的に耐えるのではない。最初の自分の思いがそのまま実現できるのではないが、相手の考えを取り入れ、互いに新たなことを工夫しているうちに、その新たに現れてくることに面白みを感じて、それもよい、もっと面白いかも知れないと思うようになる。集団の中でのやり取りを経験することで、自らの思いを抑制することを学び、その抑制を通して、自分の思いは形を変えつつ実現することを知るのである。

　そのように、相手とのやり取りを通して、自他を生かしつつ、もっと大きなことを実現していくには、相手の言うことに注意を払い、また自分の思いを消すことなく、新たにそこで気付いたことを大事にして、他者との交流・協力を図っていく。さらに、そこで生まれた遊びのテーマややり方により、自分の思いを変え、自分の行動を合わせていくのである。

自他の関係の発展が更に、数人による集団を形成し、また、他の幼児たちによる集団との新たなつながりも出てくると、幼稚園の学級単位程度の活動も可能となる。しかし、そのような大きな集団の活動は、教師の指導なしには難しい。一人一人の幼児の思いを生かしつつ、集団を意識した新たな方向を見出すことが大切である。

4　集団生活のルールやきまりの意味に繰り返し触れる

　大勢のための社会のルールを意識する中で、自らを律するようになることが、道徳性の発達にとっては大切である。そのルールが自分の内面から発する思いと結びつくことに向けて、幼児期においては、いずれ社会に通用するルールに発展するその芽生えと幼児の心の思いとの結び•つきができるように援助するのである。

　いかなる社会のルールが重要かは、自己の発達の流れに沿いつつ、自他の関係と集団形成の経験の中から理解されていくと同時に、幼児の属する家庭や幼稚園、あるいは地域などのルールに気付くことによって支えられる。皆がどのようなルールに従って行動しているか。何を大事にしているか。それにより我慢していることがあるか。各々を生かしつつ、全体がうまく動けるように根気よく努めているか。その過程を、周りの幼児同士のやり取り、教師と幼児のやり取り、あるいはまた、保護者やその他の人々の活動の様子から感じ取る。それを教師が取り上げ、指導することではっきりとしたものにする必要がある。

　その社会のルールを大事だと思っても、そのルールに従って自分で行動を律することができるとは限らない。例えば遊びのルールを分かっていても、興奮すると忘れてしまう。時間がかかることだと嫌になる。興奮す

ぎないように自己を調整し、飽きてしまうなら、感情を盛り上げ、やる気をかき立てる。このような気持ちの調整の力を育てていく必要がある。また、ゲームに負ければ嫌になる。思わずカッとなって、泣き出したり、八つ当たりしたりする。しかし、それでは自分も楽しくないし、周りも嫌な気持ちになり、二度と遊んでくれなくなるかも知れない。それに、負けてもぐっとこらえて、再度挑戦すれば今度は勝てるかも知れない。そういえば、前に勝ったこともある。このように、以前のことを思い出したり、先の見通しをもったりして、自分を抑制していくのである。

先の見通しをもって自己を抑えようとすることは、単に我慢することではない。やりたい意欲をなくしては、取り返しのつかないこともある。何かあって自分や誰かの利益が侵害されたときに、怒ることは大事なことである。意欲や怒りをもち続けつつ、それに流されないで、落ち着きを取り戻し、長い目での実現を目指すのである。それは大人にも容易なことではないが、その形成は幼児期に始まっているのである。

自己を抑制しつつ、周りを見回すことで、次第に、自分の思いを大切にしつつ、社会のルールを守ることが可能になる。それは、生活のきまりや遊びのルールを守りつつ、自分のやりたいことを実現し、相手のやりたいことが実現できるような道筋を見出せるようになるからである。

社会のルールを守らなければならないという意識の発露は、幼児にも見られる。ただ、しばしばその意識が相手の気持ちを理解せずに発揮されるため、例えば、幼稚園でのルールを破った他の幼児をその事情に配慮することなく、突然たたいたりすることがある。相手がなぜそうしたかを状況から十分に推察し、また話し合い、そして相手が悪いにせよ、言葉を通して説得することで、その行為は周りの人に受け入れてもらえるものとなる。

相手が悪いとすれば、あくまで自分の正しさを主張しなければならない。

その意志と、時に相手の暴力や無視などに対して戦う勇気も必要である。しかし、また、相手が悪いにせよ、何かの事情があるかも知れない。別な面から見たときに別な意味が見出せるのかも知れない。そのような多面的な見方は、幼児には難しい。自他を生かすべきであるのと同様の発達が、自他をよりよく生かすという更に高次な課題として繰り返される。そこに向けて成長していくためにも、自他の思いをいかに生かすかの経験を、幼稚園の時期に繰り返しすることが大切なのである。

第2章

道徳性の芽生えを培うための指導と　　　　　指導計画作成の手掛かり

　第2章では、各幼稚園における道徳性の芽生えを培うための指導の配慮事項を示した。同時に、幼児が、人やものとのかかわりを深めながら充実した幼稚園生活を展開する中で、道徳性の発達を促す様々な経験を積み重ねていくための指導計画作成の手掛かりを述べている。
　道徳性の芽生えを培うための指導は、幼稚園生活の全体を通じて行われることが必要である。また、幼児の発達に即して、入園から修了までの教育期間を見通して行う必要がある。さらに、発達は行きつ戻りつしながら促されていくことを踏まえると、幼児理解を深めながらその実態をとらえ、繰り返し指導することが大切である。
　各幼稚園において、こうした指導を展開するためには、幼児期に育てたい道徳性についてよく見極めながら、教育課程を編成し、あらかじめ幼稚園生活のどのような指導場面で幼児は道徳性の発達につながる経験を積むことができるのかを予想して指導計画を作成し、具体的な指導に当たる必要がある。
　この章を通して、発達の見通しをもった綿密な指導計画の作成、幼児一人一人に応じる柔軟で弾力性のある指導の展開、これらを通じた幼児期にふさわしい道徳性の発達等への理解が深まることを期待したい。

第1節　生活の中で学ぶ

1　幼稚園生活で起こる様々ないざこざや葛藤(かっとう)の中で学ぶ
（1）幼稚園で生活すること

　人が生きるということは、自分の周囲に存在している様々なもの・人・活動・出来事などが自分自身にかかわりをもってくるということである。そのような視点で見ると、周囲の状況は、どれもその人にとって重要な意味をもっており、人はそれらに対して何らかの応答をしないわけにはいかないということができる。その意味で、生きることにおいて人にかかわってくる事柄は、すべてその人にとって大切な問題なのである。

　幼稚園での生活に関しても全く同様である。幼児は幼稚園で生活することにより、周囲の状況を自分にとって大切な問題として受け止めている。例えば、アメンボに興味をもった幼児は、そのアメンボを「何とか捕まえたい」という気持ちをもつことが多い。また、友達のジュースづくりに興味をもった幼児は、「仲間に入りたい」という気持ちをもつことがしばしばある。

　このように、幼児とかかわりをもってくる状況は、幼児に大切な意味を与えることとなり、そのかかわりにおいて幼児は、喜び、驚き、悔しさ、落胆など様々な感情を伴う体験をする。そして、生きていく上で大事なことを学ぶ。道徳性に関しても、同じようにして幼児は身に付けていくのである。

　幼稚園で生活するということは、自分以外の他者を常に意識し、他者に影響されているということである。つまり、幼児は、友達に影響されながら、逆に自分が友達に影響を与えるという相互的な影響関係の中に常にい

るのである。この相互的な影響関係の中で、幼児は自分が友達にされてうれしい体験や悔しい体験、逆に自分が友達を喜ばせたり悲しませたりした体験をする。友達が喜んでくれたときには、自分も喜びを覚えるだろうし、友達を悲しませてしまったときには、後ろめたさを覚えるかも知れない。幼児は自分が友達に何かされることにおいても、友達に何かすることにおいても、喜び、驚き、悔しさ、落胆など何らかの感情を伴う体験をするのである。この友達とのかかわりにおいてなされるこうした体験を通して、幼児は、人と共に生きていく上での大切なことを学んでいくのである。それゆえ、教師は、友達とのかかわりの中で幼児が経験している様々な感情を見逃さないように心し、いわば揺さぶられる体験を大切にすることが大事である。

（2）実感として心にしみて分かる

　幼児が本当に人として成長していくには、人が不当な扱いをされたときの悔しさや悲しさなどが実感として心にしみて分かることが必要である。実感として心にしみて分かることは、言葉による指導だけでは不可能である。仮に、教師が幼児たちに「人をたたくことはいいことですか」と聞けば、幼児たちは一斉に「いけません」と答えるだろうが、実際の生活では、ことの成り行きからつい友達をたたくこともあるだろう。言葉の上で行ってよいことと悪いことの区別を知っていることと、身をもってそれを実践できることとは違うのである。行ってよいことと悪いことの区別が実行されるようになるには、それが問題となる体験を何度か繰り返しながら、実感として感じ取られることが必要なのである。その契機は、友達とのかかわりの中にある。

　幼児は、友達とのかかわりの中で相手の感情に触れるとき、自分が友達

にしたことの意味に気付くことができる。さらには、自分の行為が社会的に正しい行動だったのか間違った行動だったのか考えることもできる。確かに、幼児が自分の行為の意味を反省することは容易ではないが、友達と共に生きることに直接かかわる問題として自分の行為の意味に気付けるなら、行ってよいことと悪いことは実感として幼児の心にしみ込むのである。

　行ってよいことと悪いことが実感として心にしみて分かることは、例えば、友達とけんかして思わずたたいて相手を泣かせてしまったときに、「あいつがいけないんだ」と思いながらも、相手が泣いていることが気になり、何となく「たたいたのは悪かったかな」と実感をもって感じられることである。そのとき、幼児が、行為のよしあしの理由を必ずしも言葉で説明できるとは限らない。しかし、何となくよしあしが実感されているということこそが重要なのである。なぜなら、実感されたことは忘れられないのであり、それが物事の道理を言葉で理解していく土台となるからである。ルールや規則の意義・必要性も同様である。幼児期の道徳性の芽生えを培うことは、観念的に起こるのではなく、それにかかわる体験を通して実感として心にしみ込むという仕方で起こるのである。それゆえ、教師は、友達とのかかわりの中で起こる幼児自身の行為への気付きを大切にすることが必要である。

（3）いざこざ・葛藤(かっとう)の意味

　いわゆる「いざこざ」は、幼児が行ってよいことと悪いことや生活のきまりなどを実感として心にしみて分かる一つの機会でもある。いざこざにおいて、幼児たちは対等な力関係で対立することもあれば、強弱の関係で対立することもある。いろいろな場合があり得るのだが、どの場合においても重要なのは、幼児たちが互いに感情を表出し合い、自分の方が正しい

と思っていること、相手の方が間違っていると思うことを主張し合うことである。いわば、幼児たちが自分をさらけ出してぶつかり合うことが、「いつでも自分が正しいわけではないこと」、「友達と一緒に生活する上で大切なこと、してはいけないことがあること」などへの気付きを生むのである。もちろん、幼児は、一度のいざこざの体験で行ってよいことと悪いことの道理をわきまえられるわけではない。しかし、何度もいざこざを体験する過程で、幼児は、あるときは加害者的な立場に、あるときは被害者的な立場になるというように、相対立する立場を体験するだろう。こうした過程を経て、徐々に行ってよいことと悪いことへの気付きが生まれるのである。

　それが幼児の中に道徳性の芽生えとして浸透していく過程では、幼児は自分の欲求を優先したい気持ちと友達の欲求を優先すべきだと思う気持ちの間で、また、自分が正しいという思いとそうはいいながら友達を泣かせてしまった後ろめたさの思いとの間などで葛藤するようになる。幼児が対立する価値観や感情の間で葛藤することは、すでに幼児の中に道徳性が芽生えていることを意味している。それゆえ、教師は葛藤している幼児の姿を認めること、幼児の葛藤している気持ちを受け止めることが大切である。その意味で、教師は、幼児の行動の結果にばかりとらわれず、心の動きに目を向けることが必要である。

2　ゆっくりと時間をかけて幼児と向き合う
（1）道徳性が育っていくには時間がかかる

　幼児の中には、なかなか教師が期待するように行動しない幼児もいる。そのような幼児に対して、教師は、学級経営の都合上、行ってよいことと悪いことや生活のきまりなどの枠の中に早く入れたいと思い、焦って働き

掛けることになりやすい。しかし、焦って働き掛けることは、幼児を拒絶的にしてしまうことにもなりかねない。教師は幼児にとってモデル的な存在であるから、幼児が教師に拒絶的になることは、行ってよいことと悪いことや生活のきまりなどを理解することをますます困難にする。また、幼児が教師の期待に容易に応じるからといって、必ずしも心にしみて行ってよいことと悪いことや生活のきまりを理解しているとは限らない。納得できない感情を抑圧して従順になっていることもある。

　例えば、問題のある行動ということを取ってみても、教師がその幼児とは違うある立場や大人の価値観のみに立って幼児を見ていることで、そのようなものとしてしか見えてこない場合もある。このような場合、教師がそのような価値観に固執し続けている間は、その問題のある行動が収まらない。一方、教師が自分の立場のみに固執せず、幼児の立場に立ってみて、その行動の目的や動機を理解し、その理解を幼児に示すことで、幼児が変わることがよくある。つまり、幼児も自分に対する教師の基本的な信頼と容認を感じ取り、そのことによって教師を受け入れられるようになり、結果的に行ってよいことと悪いことや生活のきまりなどを受け入れていくようになるのである。その場合、即座に子どもの行動が変わるわけではない。一学期間、半年と、長い時間かかりながら少しずつ幼児が変わっていくことも珍しくない。しかしながら、徐々にではあっても、幼児が行ってよいことと悪いことや生活のきまりなどを受け入れようとする気持ちや姿勢をもつようになることが、道徳性の芽生えを着実に培う上では大切なのである。

　また、人は誰でも何かをしているときには自分の置かれている状況を客観的に把握することは難しい。活動を中断し、状況全体に目を向けたときにようやくそこで何が起きているのか理解できるものである。幼児の場合

にはなおさら状況を理解することは難しい。そのため、いざこざにおいても、何が問題の核心なのか分からないまま対立し合うことも多い。そういう場合、教師の援助でいざこざが解決しても、幼児がその場限りで納得しているように見えるだけであることが多い。それゆえ、その後も同様のいざこざが繰り返されることになる。しかし、それは、幼児が少しも成長しないことを意味するわけではない。繰り返し同じような体験をすることで、幼児は、徐々に状況が理解できるようになり、いざこざの問題点に気付くようになるのである。そうなったとき初めて、幼児は生活のきまりの必要性を納得するのである。

このように、道徳性の芽生えが育っていくには時間がかかるのである。したがって、教師は早く自分の期待にそう幼児にしようと焦るのではなく、むしろ時間をかけ、根気よく、着実に道徳性の芽生えを培うように指導することが大切である。

(2) 幼児は愛されることで他者を受け入れる

幼児が行ってよいことと悪いことや生活のきまりなどを受け入れようとする姿勢になるということは、幼児が他者に対して心を開き、他者を受け入れようとする姿勢になるということである。特に幼稚園児にとって重要な他者は教師である。

幼児に限らず、子どもは、自分が重要な他者により愛されていると実感できることを必要としている。愛されていると実感することで、子どもは、自分を愛してくれている人に好意を抱き、同時にその人を信頼するようにもなる。好意を抱いている相手に対しては、子どもは、自分の心の内を表現して伝えるとともに、その人からの働き掛けを受け入れ、その人の言うことを聞き入れるようになる。言い換えれば、子どもは、積極的にその人

の価値観や道徳観などを自己の内に取り入れるようになるのである。

　したがって、幼児の道徳性の芽生えを培うためには、教師は、幼児自身が愛されていると実感できるようにかかわる必要がある。幼児が教師に愛されていると感じられるのは、教師が幼児一人一人に目を向け、丁寧に応じることを通してである。つまり、幼児の身になり、幼児の立場に立って接することにより、幼児は教師に好意を抱き、教師を信頼するようになるのである。

（3）幼児と向き合い心を通わせる

　幼児が行ってよいことと悪いことや生活のきまりなどを受け入れようとする気持ちになり、道徳性の芽生えが培われていくための基礎として大切なことは、幼児が愛されていると実感することに加えて、教師が幼児と正面から向き合い、心を通わせることであるといえる。心を通わせることは、教師と幼児が互いに相手の心情や思いなどに触れ、感じるということである。つまり、心に触れ合うということである。教師が幼児の心に触れるには、幼児の心の動きに繊細な注意を向け、それを感じ取れる心のゆとりが必要である。しかも、教師と幼児が互いに自分の心を相手に向けることが必要である。すなわち、教師と幼児がしっかりと向き合うことが必要なのである。それができるのは、教師が心のゆとりをもって幼児に接するときである。教師が早く幼児を自分の期待にそうように行動させたいと焦れば焦るほど、幼児の心に向き合うゆとりを失うことになる。その点でも、教師は繰り返し幼児に働き掛けながら、幼児の気付きに時間をかけて道徳性の芽生えを培うことが大切なのである。

　教師と幼児が向き合い心を通わせているのであれば、幼児は、教師の心情や思いを感じ取ることができる。それは、人の気持ちに気付くことであ

り、道徳性の芽生えが培われることへとつながっていく。しかも、幼児は、教師の心が自分に向けられていること、すなわち、教師が自分の心に沿おうとしている姿勢を感じ取ることができる。そういう教師の姿勢を感じることが、幼児の心を教師へと向かわせ、教師に対して心を開かせるのである。

第2節 教師が適切な役割を果たす

1 幼児の行動の意味をより深く理解する
(1) 幼児を理解すること

　人は、理解されていると思えるとき、喜びを感じ、意欲的に生きていくことができる。幼児も、理解されていると感じることで、周囲の人々と意欲的にかかわり、他者との間に起こる問題もよりよい仕方で解決し、様々なことを学んでいける。したがって、教師が幼児を理解することが、道徳性の芽生えを培う上で重要であるといえる。では、どのように理解することが大切なのだろうか。

　幼児を理解することの核心は、幼児の行為の意味を理解する点にある。つまり、行動の目的と動機を理解することである。それは、その幼児にかかわる出来事などが、その幼児にとってどのような意味をもっているのか、その幼児が見ているように、感じているように、教師が見て、感じることを意味している。幼児と同じように物事を見て、感じるなら、そのとき、教師は幼児の心情に深く共感することになる。幼児の気持ちに共感でき、幼児の視点で行為の意味が分かることで、初めてその幼児が納得できるように働き掛けることができるのである。

　しかし、実際には、教師がいつも幼児をそのように理解するのは難しい。知らず知らずのうちに大人社会の一員としての教師自身の視点のみで幼児を見てしまい、「どうして分かってくれないの」と、幼児が教師を分かってくれないことを嘆くことになる。つい、幼児の視点と離れた視点から幼児を見ることになりやすいのである。それゆえ、幼児を理解するには、教師自身の幼児の見方を意識してみることが必要になる。つまり、「なぜ」と改

めて幼児の行為の意味を考えてみたり、別の見方をしてみようと試みることが大切なのである。

（2）幼児を肯定的に見る

　幼児を理解するためには、教師が幼児の行為の意味を考えようと努めることが大切なのであるが、その中で、時には、幼児の行動が一見困った行動に見えても、それを通して幼児を肯定的に見ようと積極的に努めてみることも大切である。教師にとって幼児の行動が困った行動として否定的に見えれば見えるほど、行ってよいことと悪いことや生活のきまりなどを身に付けさせようとする思いが先行し過ぎて、幼児と心を通わせることができにくくなる危険性があるからである。

　教師が幼児を否定的に見てばかりいると、幼児は教師に心を閉ざし、教師の言葉を聞き入れようとしなくなる。さらには、他の幼児たちまでその幼児を否定的に見るようになる。周りの人がみんな自分を否定的に見ていると感じたなら、幼児の否定的な行動は減少するどころかますます目立つようになり、そのことが周りの人たちの否定的評価を強めることになる。このように、幼児の問題のある行動には周囲の人のその幼児を見る目により引き起こされるという面がある。教師が幼児を否定的に見て、評価していることは、教師とその幼児の関係を不安定な関係にしているだけではなく、他の幼児たちとその幼児の関係までも対立的なものにする危険性がある。

　ところが、教師が意識して幼児を肯定的に見てみることで、その幼児と教師の関係が友好的な関係に変わってくることが起こる。その変化は他の幼児たちとの関係の変化をも生む。つまり、それまでは困った幼児と見えていた幼児と周囲の人たちが互いに受け入れ合う態度になり、よりよくか

かかわり合うようになるのである。

　例えば、わざと砂山を崩しに来る幼児を「悪いことをしている」と見て、それをただそうとすると、逆にその行為を助長してしまうことがある。ところが、「一緒に砂遊びをしたい気持ちの表現」と見て、その幼児の理解者としての態度を示すことで、その幼児と他の幼児たちが一緒に遊べるようになる。そして、このような繰り返しの中で友達と遊ぶ楽しさを実感し、自然に相手を思いやったり、感謝したりという行動が見られるようになるのである。

　このように、道徳性の芽生えを培う上で、教師が幼児をどのように見るかが非常に重要なのである。肯定的に見ることで、幼児と教師の関係をよりよい方向に変えることができるし、そういう関係の中でこそ、幼児期の道徳性の発達を促せるのである。

（3）幼児の発達の過程に目を向ける

　教育は幼児の発達を促していくことであるから、幼児の発達を把握することが必要である。発達は目に見える行動によりとらえられる。すなわち、目に見える幼児の姿を通して、教師は、「これこれの能力が育っている」と発達を把握するのである。これは、幼児の行動の目的や動機を理解することを必要とはしないので、先に述べた「幼児を理解すること」とは違う。しかし、幼児が様々な体験を通してどのように育っているのかを把握するためには必要なことである。

　その場合、すべての幼児が同じ速さで同じように発達するわけではないことには、常に十分注意を払わなければならない。教師が幼児を問題視するのは、多くの場合、教師が、幼児の姿を見てその発達を把握する中で、幼児が教師の期待する発達状態にないと判断する場合であるが、このよう

に幼児を見るとき、教師の視線が幼児の「今」の姿にばかり向けられており、その「今」の姿を他の幼児たちの姿と表面的に比較していることも多い。それは教師の焦りを引き起こすし、指導の在り方の工夫よりも幼児を問題視することの方に目が向いてしまう結果に陥りやすい。

　ここで大切なことは、幼児一人一人の発達の過程に目を向けることである。つまり、その幼児の今日までの姿を踏まえながら、今後の見通しをもつことが大切なのである。過去から現在、未来という、連続した見通しの中で幼児一人一人の固有の姿を見ることで、その幼児の発達の仕方に即した指導ができるのである。

2　状況に応じた多様なかかわりを大切にする
（1）同じ行動も状況により意味が異なる

　ある状況では非難されるべき行動も、別の状況では認められることは多い。つまり、幼児たちが人として好ましい行動をしているかの判断は、幼児たちが置かれている状況により変わるのである。

　例えば、園庭などで、嫌がる友達に水を掛けて遊ぶのはよくないことであっても、プールでの水遊びで友達に水を掛けることは必ずしも悪いことではないだろう。また、友達を仲間外れにしないことは一般的には正しいルールであっても、役割にこだわってごっこ遊びをしている幼児たちが、後から入りたいという友達を直ちに受け入れなかった場合、必ずしも安易に非難されることではないかも知れない。

　したがって、教師は、いつでも同じように幼児を指導することはできないのである。まず、幼児の行動がこの状況ではどういう意味をもつのかを考えなければならない。その上で、幼児がその状況を理解し、その状況に

合った行動がとれるように指導しなければならないのである。その意味で、教師は状況に応じて多様なかかわりをする必要がある。その際、大人の考えるもっともよい行動を安易に幼児に要求し、行わせるのではなく、まずはその子なりに考えて、よいと思う行動をとるように指導することが大切である。

（２）幼児同士のやり取りを見守る
　幼児期の道徳性の芽生えは、幼児が、互いにかかわる中で心を揺らしたり、葛藤したりしながら、少しずつ培われていく。
　例えば、いざこざが起きたときなど、注意深く幼児の様子を見ていると、自分の意図に反して起こってしまった事態の重大さに戸惑い、動揺している様子が、表情や言動に表れていることがある。そのとき、その幼児は、行ってよいことと悪いことや生活のきまりなどが実感として心にしみて分かる重要な体験をしていることになる。おそらく、その幼児は、心の中で自分の行動を反省し、どうしたらこの事態を収拾できるかと一生懸命考えていることだろう。教師は、幼児のそういう体験を大切にしなければならない。
　集団生活の中で望ましくない出来事が生じたとき、教師が即座に介入することは、必ずしもよりよい影響を幼児に与えるとは限らない。時には、幼児の心の動きに注目し、幼児同士のやり取りを見守ることも有意義な援助になる場合がある。その上で、幼児の考えたことを、社会的な視点で意味付けて、幼児に分かるように示すことが大切なのである。

（３）幼児の気持ちを受け止めつつ、教師の願いを伝える
　幼児が教師に心を開くには、教師が幼児の気持ちを理解し、受け止める

ことが大事であるが、それだけであれば指導の見通しがもてず、いわゆる放任になりかねない。計画的な指導を行うためには、幼児の気持ちを受け止めることとともに、行ってよいことと悪いことや生活のきまりなどを、教師の願いとして幼児に伝えていくことが必要である。

　例えば、集まりの時間になり、大半の幼児が教師のもとに集まっているのに、その輪の中に入らず遊び続ける幼児がいる。そういう場合、教師が幼児の強い興味を認め、もう少し遊びたいという気持ちを受け止めながらも、自分の話を友達と一緒に聞いてほしいという教師自身の願いも、ころ合いを見て伝えることが大切である。つまり、幼児が他者へと意識を向け、他者の気持ちや願いにも気付くきっかけを与えることが大切なのである。

　このように、幼児が行ってよいことと悪いことや生活のきまりなどを身に付けていくには、教師が幼児の気持ちや欲求を受け止めることと、教師自身の願いを伝えることとが、バランスよくなされることが必要である。そのバランスは、教師が幼児の意欲や心の動きなどを敏感に感じ取る中で、柔軟に取られるものである。

（４）毅然とした態度で教師の願いを伝える

　教師が幼児の気持ちを受け入れることは大事なのだが、そのことが、幼児が他者の気持ちに気付かないでいることを容認してしまうことになってはならない。これだけは幼児に分かってほしいということは、幼児としっかり向き合い、毅然とした態度で伝えることも必要なのである。

　例えば、幼児たちが悪ふざけをして友達をけとばしたりしているときに、教師がそれに対してあいまいな態度を取るなら、幼児たちはますます面白がり、友達のつらさに気付けないままになる。教師が毅然とした態度を取ることで、幼児たちがいわば「我に返り」、人の気持ちに気付けるので

ある。
　このように、教師の真剣さが幼児たちに事の重大さを気付かせるのである。ただし、この毅然とした態度は、幼児と教師の信頼関係の上に成り立つものである。それゆえ、教師は毅然とした態度を取る一方で、その基盤となる基本的な信頼関係を損なわないように常に配慮することが大切である。

（5）教師自身がよいモデルになる
　幼児は教師の指導によってだけでなく、教師の態度や行動からも社会的な価値観を学んでいる。それゆえ、幼児に道徳性の芽生えを培おうとするなら、教師自身が身をもって態度や行動に道徳性を表していることが大切なのである。
　教師が道徳性を身をもって表せるかどうかは、根源的には人間性による。教師が、相手が大人であろうが子どもであろうが誰に対しても誠実であり、子どもを一人の人格として尊重していることは、最も重要なことである。もしも、相手が幼児だからと見くびり、自分の間違いを隠したり、無理やり幼児を従わせるのであれば、幼児は教師への尊敬を失い、信頼しなくなるだろう。それゆえ、教師は、自分自身の人間性こそがもっとも大きな教育力であることを自覚して、自分自身の向上に努める必要がある。

第3節　人とのかかわりを通して学ぶ

1　一人一人の幼児の状態に沿う

　教師の指導は、幼児の個々の状況に合わせて行われることによって、初めて意味をもつ。特に、人とかかわる力は、その幼児の個人的な経験の有無に大きく左右される。幼児の状況や性格をよく考慮した上で、援助の方法も柔軟に考える必要がある。一定の原則はあるにしても、どの幼児にも一様にというわけにはいかないのが実情である。幼児によって、教師の対応の受け取り方が違うからである。また年齢や月齢、時期によっても細かい配慮が必要になってくる。入園直後は、とりわけ個人差の大きい時期である。それまでの家庭での個人的経験の違いをそのままに持ち出して幼児たちが振る舞うため、行き違いやトラブルが多発する。特に、入園前に他の子どもとほとんど遊んだことのない幼児は、幼稚園で生まれて初めて多くの友達に囲まれることになる。幼児によっては、周囲に人がいることなど気にせずに、傍若無人の振舞いをする。また、戸惑いや混乱を感じ、どう行動していいのか分からず、動けなくなる幼児もいる。この時点では、教師が一人一人の状況を理解すること、教師が自分を守ってくれる人であることを幼児が知り、安定して幼稚園で過ごせることを最優先に考えながら指導することが重要である。

　また入園して間もない頃は、自分以外に人がいることに気が付かないことがある。砂場で穴を掘っているときに、自分の放り出した砂が、他の友達の顔にかかってしまったり、スコップが当たってしまったりすることがある。当てられた方は、痛くて泣いているのに、当てた方は全く気付かないということも起こる。当てられた方も、何が起こったのか分からないと

きもあるし、逆にわざとやられたと思い込み、やり返すこともある。いずれにしても、全体が見えていない。教師は、その状況を見て、双方に分かるように説明する必要がある。そのことで、幼児が初めて、自分以外に人がいることの意味に気付いていく。

2 友達と遊ぶ面白さを知る

　遊びの中で教師の援助は多方面からなされるが、その中で人間関係をよりよい方向に援助していくことは最も重要である。3歳児や入園当初のように、幼児が十分に遊べない時期は、特に教師の援助が必要とされる。一人で遊びたい幼児がいれば、それを認め、その遊びが充実していくよう援助しながら、友達と一緒に遊ぶことの面白さにも気付いていけるようにする。友達と同じことをしてみたいという思いや、誰かと一緒に遊びたいという思いを大事にし、それが実現できるように援助する。教師の援助を受けながら、少々のトラブルはあっても、一緒に遊べて楽しかったという体験をすることで、幼児の中に、また一緒に遊びたいという思いを育てていくことができる。そのように、幼稚園生活全体を通じて、人と共にあること、人と一緒に協力して何かを成し遂げることの喜びや大変さを体験していくことは、幼児期の人間関係の発達にとって最も重要である。幼児たちの人間関係について、教師はよく観察し、幼児の積極面をさりげなく支え、指導していくことが肝要である。幼児が友達のために行動している姿があれば、それを認める。幼児が自分を抑制し、友達のために譲ったり、我慢している姿をとらえ、それを理解していることを伝えていく。「譲ってくれたんだね」「お礼が言えてよかったね」「Sちゃんが手伝ってくれて、本当に助かった」など、教師のさりげない積極的な言葉掛けは大事である。自

分の努力を教師が見ていてくれるということが、幼児の安定感と向上心につながっていく。幼児が友達と一緒に遊ぶことの楽しさを味わい、大勢で一つの活動に取り組もうとする意欲などを積極的に支え、幼児の思いが実現できるように援助する。自分たちの意欲に基づいた活動の中で、幼児は多くの課題を乗り越えていく。また、生活面においても遊びと同様に、友達と協力して物事を進めていく体験ができるようにし、必要に応じてその方法を教えていく。

3　ルールやきまりの意味を知る

　保育の要は、物事を幼児に分かるように表現することである。大人にとっては当然なことが子どもにとってはそうでない、ということが大いにあり得る。

　例えば「園の外には出ていかない」「人のものをとってはいけない」など、幼児になぜそれがいけないかを分かるように説明するのは、案外難しい。幼稚園の外に出ていってはいけないのは「危険だから」と言っても、危険だという判断ができない幼児には、納得できないことがある。より具体的にその危険性の中身を分かるように説明しなければならない。「車にぶつかって大けがをしたり、知らない人に連れて行かれたりして、先生は心配する」など、分かるように言う必要がある。それで初めて、幼児は、ただ教師が怒っているのではないことが分かる。

　「人のものをとってはいけない」と言っても、「だって僕もほしいんだもの」と言われたときの、説得や解決の方向を考えておかねばならない。相手が嫌がることをしてはいけないということも、本当に相手にとって嫌なことなのだと納得できるようにしなければならない。小学生や中学生な

ら不要であろうが、幼児には納得されないことがある。個々のルールやきまりについて、幼児にとってどのような意味があるのかを、教師は再点検しておく必要がある。あらかじめすべてに備えることはできないが、幼児が納得できていないと感じたら、より分かりやすい説明を試みる必要がある。必要があって教師が指示した場合には「集まらなければならない」という約束事も説明しにくく、しばしば理解していない幼児がいるものである。

　ともあれ、幼稚園教師の専門性は、物事を幼児の思考や感覚で納得できるように表現できるところにある。幼児の場合、自分の感情や感覚で行動するので、言葉で説明してもすぐには受け入れてもらえないことも多いが、繰り返し働き掛け続けることが重要である。

　このように、できるだけ幼児に分かるように説明できることが望ましいが、物事には、その理由が直ちに説明できないものもある。なぜだか言えないけれども、そのことはやめてほしい、そうするあなたを見ていることはつらい、嫌だ、あるいは、反対にそうしてくれてとてもうれしい、ということがある。何もかも説明する必要はない。幼児と自分との関係において、それはやめてほしい、自分には耐えられない、悲しいという教師の率直な感情を表現することも必要である。幼児がとてもひどい言葉を投げつけてくることがある。「そう言われたら、とっても嫌だ」「ひどいなあ」「悲しくなっちゃうよ」と率直な教師の思いを伝え、時には「悪いけれど、今はそう行動してほしい」と頼むこともあり得る。教師との信頼関係ができてくると、幼児はそれを受け止められるようになる。

　幼児の中には、多くの言葉を使うことができ、自分の思いを通すためにいろいろなことを挙げたり、大人びた説明の仕方や言い回しを身に付けている例も見られる。その中に、大人社会の発想で見ていくらかの正しさが

あると、大人が言い分をそのまま通してくれる場合が多いという傾向を知っていることもある。しかし、こうした場面での言葉が幼児の内面を素直に反映しているとは限らないので、教師は言葉だけではなく、そこに込められた感情と意図に応答しなければならない。

4 幼児の自尊心を大切にする

　幼児が明らかに悪いことをしていても、教師が一方的に決めつけることは非常に危険である。知らずにやったことかも知れないし、何かの事情があるということも大いにあり得る。してしまったことを幼児なりに悪いと思っていることもある。それをさらに教師が悪いと責めることは、その幼児の自尊心を傷つけることになる。また、失敗から立ち直ろうとする気持ちをつぶしてしまう。幼児の人間としての尊厳を傷つけず、基本的には過ちは許すという姿勢の中で、その過ちを克服する手助けをする方が重要である。過ちを克服する体験は、生きる力の最も重要な力の一つである。さらに、その経過や幼児の思いを、教師が他の幼児たちに伝えることで、しなやかな人間関係を作ることができる。これらは、道徳性の芽生えが培われることと密接に関連しているといえる。

5 トラブルを通して学ぶ

　トラブルは、幼児が人間関係を学ぶ重要な機会である。教師がその場に居合わせることもあるが、トラブルが起こってから教師がその場に来るという場面も多い。その場合は、当事者から事情を聞くことになるが、そのときに忘れてはならないことは、教師がすぐに善悪を判断し、即座に裁定

してしまわないことである。幼児は教師が自分を助けてくれると期待していたのに、逆に非難され、疎外感を残してしまうことがある。実際、双方ともに相手が悪いのだと真剣に思っていることが多い。また、自分が悪いと少しは思っても、相手がより悪いと主張することも多い。教師は、本人が事情や気持ちを表現できるように手助けをする。それぞれの主張を仲介して、双方に分かるように伝える必要がある。双方が自分の思いを教師に理解してもらったと感じて初めて、相手のことも考えるというゆとりが生まれる。「Aちゃんはこうだったのね。Bちゃんはこうだったのね」と確認していくことが、幼児自身が問題に取り組むきっかけになる。教師の援助を得ながら、問題や課題を明らかにして、どうしたらこの事態を解決できるかと、一緒に問題に取り組むことは、幼児にとって大きな意味がある。意見が違ったりトラブルが起こっても、それを解決し、互いに共存できるという体験は、人間を信頼していく上で非常に重要な体験である。

　そのためにも、順番、じゃんけん、きまりなどの、いわゆる型どおりの解決法を安易には持ち込まないことである。このようなルールが先行すると、相手の思いを理解する過程を省略してしまうことになる。

　相手に自分の思いを言葉で表現できること、相手の表現を自分の心で受け止められることが、後の問題解決の力になっていく。これらが、相手とのコミュニケーション能力をはぐくみ、自分を守り、相手を尊重する能力の基礎になるのである。事実や自分の感情を言葉で言えないこと、言葉で考えられないことが、たたくなど乱暴な手段や表現に訴えることにつながっていくこともある。

　そのこと自体が、人を傷つける行為で許されないこと、また問題の解決法としても正しくないことを伝えていかなければならない。乱暴な行動にでてしまうと、多くの場合、本人は状況がつかめなくなってしまう。落ち

着かせ、その行為に至った状況や思いを言葉で表現できるように、教師が手助けすることが必要である。本人が言えない場合は、教師が代わりに表現することも必要である。怒りや悔しさ、悲しさ、痛さを表現することは重要である。乱暴された側にも、同様の援助が必要である。乱暴されることの心身の痛みについては、教師は、繰り返し繰り返し幼児たちに伝えていく必要がある。

　また、近年、早くから大人の口調を取り込んで、言葉だけでトラブルを解決しようとする子どもが散見されるようになってきた。ものの取り合いがあると、すかさず「順番」「じゃんけん」とルールを持ち出し、「先にたたいた方が悪い」「泣かせた方が悪い」「ごめんなさいって言わないといけない」「貸してって言ったから使っていい」と機械的な判断をする子どもである。言葉は一見正しいが、肝心の相手の状況の理解が抜けていて、それに気付かないでいることが多い。「悲しそうだね」「怒ってるみたいだよ」と、教師は相手の思いに気付くような言葉を掛けていく必要がある。ルールやきまりは互いを生かすためにあり、楽しく遊びを続けるためにあることも、こうした相手の思いに気付かせていく具体的な場面を通じて伝えていく必要がある。

6　遊びの中で公正さを学ぶ

　大勢で遊ぶようになると、遊びの中で、スポーツ、ゲームや遊びのルールの問題等を通して、公正さという問題に突き当たる。誰かがいつまでもブランコに乗って、いっこうに他の幼児に回ってこないとか、リレーやサッカーでいつも片方が負けるというようなことが起こってくる。ごっこ遊びでも、役割決定の不公平もある。いつも負け役にさせられるという幼児も

でてくる。教師は、これらの不公平が改善されるように、幼児たちが問題点に気付き、解決を探るための援助をしていかねばならない。5歳児になると、幼児の力が接近してくるので、自分たちで正しくないことやずいことを指摘したり、非難し、改善していくこともあり得る。しかし、それに至るまでは、不公平に気付かなかったり、相手の力に屈して、不公平な人間関係が続くことがある。このことは、特に、遊びの中でのルールが発展していく一方で、集団の中での発達差の大きい時期である4歳児の頃に問題になってくることが多い。

幼稚園での人間関係は、幼児にとっては自分たちで作る初めての人間関係で、教師が見れば一目瞭然の不合理さが存在することも多い。しかし、それを直ちに悪い関係と決めつけることはできない。幼児なりの感性と判断で、互いにひかれ合う関係であることも多いので、これに介入するには、かなり慎重を要し、多少の理屈に合わないことがあっても、幼児にとってその集団は意味があるものと受け止める視点が必要である。その上で、大きな矛盾があったり、特定の幼児がいつも不利な目に遭っているような場合には、教師はきちんと指導する必要がある。

教師は、弱い立場の幼児に注意しておく必要がある。いずれ、様々な矛盾に気付き、困ってくる。教師が本人の感じていることを聞いてみたり、さりげなく表現することで、本人が気付くということもある。気付いていても、それを表現できないでいることもある。それを相手に表現できるようにし、全体の中で問題を明らかにしていく手助けをする。表現できない幼児は、他の場面でも自信をもてないでいることが多い。その幼児が自信をもって主張できるように、多方面から援助していく必要がある。また、強い立場の幼児には、相手がつらい思いをしているのだということを分かるように伝えていく。

教師が解決策を教えても、幼児がすぐにそれができるとは限らない。幼児たちが、試行錯誤を繰り返しながらも、前進していけるよう手助けをする。大人から見て不十分に見えても、子ども自身が一歩一歩進むことを大事にしたい。試行錯誤が幼児を鍛えることになる。自分の思いが理解されたり、相手のために考えたり、新しいルールをつくり出していくことが、幼児が人間関係を作っていく過程でもある。また、人間関係の改善には、成長を待つという側面もあり、時間をかけることも重要である。ただし、人間関係にいじめに近いようなことがある場合には、教師が強力に介入することが必要であることはいうまでもない。このような場合、ほとんどの幼児には罪悪感はない。異議を唱えられなければ、相手のつらい思いや痛みには考えが及ばず、ましてや自分が悪いことをしているとも気付かない。これを止めるには、幼児自身の中に他者の視点を持ち込んでいくようにするしか方法がない。いつか自然に分かるというものではなく、放っておくと、例えば、ずるいことや正しくないことと分かっていることでも、相手が抵抗してさえいなければやってしまうことが当たり前のようになってしまう場合もある。教師が仲介をして、双方の思いを聞き、解決策を探りながら、その行為はやめるように強力な指導が必要になってくる。

7　必要に応じた細やかな配慮をする

　ごく少数ではあるが、人間関係の指導の上で教師の配慮を必要とする幼児がいる。大人一般に対して不信感をもっている幼児が、その不信を教師や友達に向けてくることがある。その場合は、特に配慮してかかわる必要がある。行動の基準を自分の感覚や感情だけに置いていることがあり、危険も省みず行動することがある。

教師は、まずは危険を防止することを重視し、そのための最低限の約束、例えば、幼稚園の外に出ていかない、危ない場所に登らない、人を攻撃しないなどは、妥協せずにその都度きちんと示す必要がある。このような幼児は、集団の中で孤立したり、恐れられたりし、時には周囲の幼児が不安定になることがある。教師は、周囲の幼児たちを守ると同時に「ごめんね、Pちゃん、まだ分からないみたいだから、許してあげてね。だんだん分かるようになるからね、もう少し待ってあげてね」などと、その幼児の状況を説明して、理解を得ていく必要がある。その一方で、教師とその幼児との信頼関係が深まるように努力していく必要がある。それと同時に教師の願いを少しずつ幼児に示すことで、幼児がそれを取り込み、安定していくことができる。このような場合、時に家庭の問題が背後にあることもあり、それを踏まえた慎重な対応が必要である。また、幼児が自分の中にうっ積した感情的憤りを、自分より弱い相手に向けることもある。このような幼児には、日常的に大きなストレスがかかっていることがあるであろう。家庭の期待に応えようと、過剰な負担を強いられていることもある。家庭の状況をできるだけ把握するようにし、保護者とも相談、協力し、情緒的に安定できるような手立てを講ずる必要がある。
　いずれにしても、時間をかけた忍耐強い取組が要求される。

8　多様な人々とのかかわりをもつ

　幼稚園内外には、様々な人々がいる。幼児期においても、障害のある子どもや小学生、中学生や高校生、高齢者など、多様な人々との出会いは重要である。多様な人々との日常的な接触によって、互いに影響を与え、幼児の世界も広がっていく。そのとき注意すべきことは、安易に「高齢者を

いたわろう」などと特別な対応を性急に要求しないことである。互いにまず、人として率直に出会うところから始まる。つまり、幼児なりの理解の上に、具体的なかかわりを一緒に考えていくことが重要である。

　このように、道徳性の芽生えは、人とのかかわりを通して生まれる。幼稚園生活の中で、安心して自分の思いを表現し、それが友達や教師に受け入れられていくことで、人間と自分に対する信頼を獲得することができる。その過程で、集団が一人一人の幼児にとって、安心して自己発揮できる場になっていく。トラブルにぶつかりながら、コミュニケーションの技術を身に付けることや問題解決の体験を豊かにすることは、長じて、人間関係の中で様々な問題にぶつかったときに、それを乗り越えていく力の基盤をつくっていくことになる。

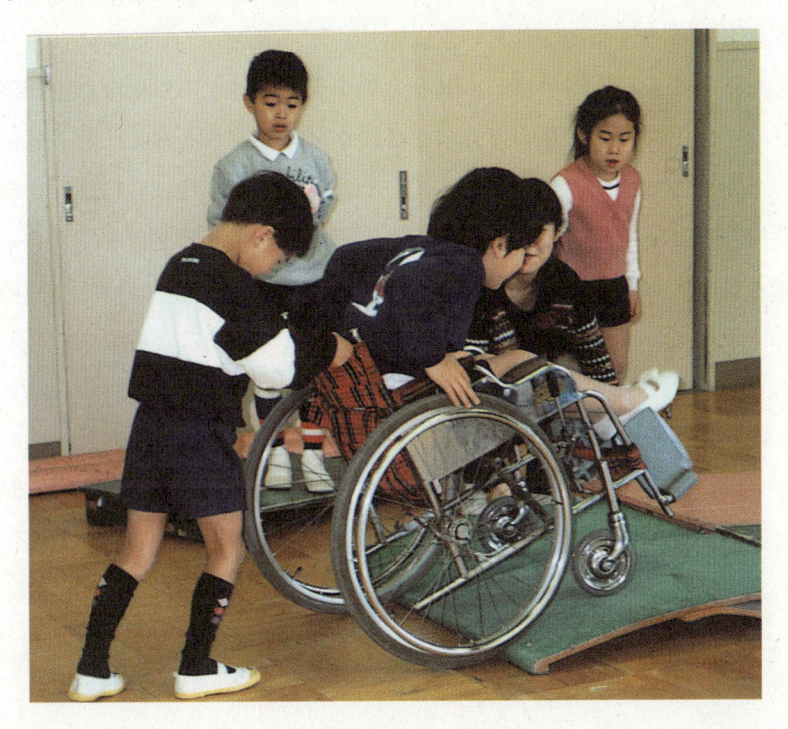

第4節　家庭との連携を図る

　幼児の生活は、家庭を基盤として、地域社会を通じて次第に広がりをもつものである。幼児の家庭や地域での生活経験が、幼稚園において教師や他の幼児と生活する中で更に豊かなものとなり、幼稚園生活で培われたものが家庭や地域社会での生活に生かされるという循環の中で、幼児の望ましい発達は図られていく。

　現在の家庭は、少子化・核家族化が進み、兄弟姉妹は少なく、祖父母と同居することも少ない。また、地域においても異年齢の仲間との触れ合いも少なく、年長者から年少者へ自然な形で社会生活などの行動の規範が伝わる機会も少なくなってきている。

　したがって、幼稚園では、家庭や地域を含めた幼児の生活全体を視野に入れて、幼児の興味や関心の方向や必要な経験などをとらえ、その生活が充実したものとなるようにする必要がある。その際、地域の自然、行事や公共施設などを積極的に活用し、あるいは地域の人々に協力してもらい、幼児が豊かな生活体験を得られるように工夫することで、地域の生活の中に様々にきまりやルールがあることに気付かせていくことも大切である。

　こうしたことを踏まえ、幼児の生活が実り多いものとなるためには、家庭との連携を十分に図って、一人一人の幼児の生活に対する理解を深めるとともに、幼稚園での生活の様子などを家庭に伝えていくことなど、幼稚園と家庭が互いに幼児の望ましい発達を促すために思っていることを伝え合い、考え合うことが大切である。

1　幼稚園を親と子の育ちの場ととらえる
（1）保護者の子育ての不安

　幼稚園の教師は、家庭との連携の大切さは認識しているが、必ずしも家庭と幼稚園が初めから子育てについて共通理解できるわけではない。

　幼稚園において、今、求められている家庭との連携の一つに、保護者の子育て相談に応じることが挙げられているが、そこに寄せられる相談事例の中には、幼稚園の生活と家庭の生活に大きな差があり、その間で子育てに悩む保護者の姿をみることも少なくない。

　幼児期は、起床時間、就寝時間、昼寝時間、食事、着脱衣、排泄の自立などの基本的な生活習慣を身に付けるとともに、友達と触れ合って遊ぶ中で人間関係を調整するなど、やりたいことだけでなく、やるべきことが増えてくる。同時に、幼児期を通じて人間形成の基礎が培われてくるにつれ、保護者も幼児の成長にかかわった問題で様々に悩み始める。その代表的なものがしつけの問題であろう。

　幼児期のしつけとして、保護者としての生き方や幼児へのまなざし等が大切であることは、多くの保護者は知っているが、幼児の様々な行動を前にして、具体的にはどうしたらよいのか迷うことが多い。「こういう子育てをしたい」と思いつつも、実際にはそのことがうまくできずにいることが、子育て不安につながっている。

　例えば、4歳の男の子をもつ母親が、幼稚園の子育て相談コーナーを来訪した事例から考えてみる。相談事例は、「幼稚園には、3歳のときから通っているが、担任から、最近、幼稚園で乱暴な行動が目立っていると言われた。担任からは、幼稚園で思いつくような出来事はないとも言われた。さらに、幼稚園に来ても眠そうにしている、寝不足でイライラしているので

友達にぶつかるのでは、とも指摘された。父親の帰りが遅く、帰ってきてから子どもを風呂に入れるので、子どもが寝るのは、11時頃になってしまう。昼寝はしたり、しなかったりなので、確かに寝不足になっているのかも知れない。父親との触れ合いも大事と考えているが、寝不足などが原因で幼稚園で乱暴したら困る。どうしたらいいのか？」という内容であった。

相談された担当の教師は、母親が相談に来たことに注目し、「相談に来てくれてありがたい」と伝え、子どもと父親の触れ合いを大事にしていることを認めながら、子どもの実際の行動に触れていくことが重要であると考えた。相談として大切なことは、互いの信頼関係をもとに、事実と意見を相談者自身が整理できるように聴くことであるので、幼稚園で寝不足のためにイライラしている事実があることに焦点を当てることにした。そこで、なぜ11時まで子どもを起こして、父親が風呂に入れるのか尋ねてみた。つまり、11時就寝、8時起床が4歳の子どもにとってどんな状態かを説明しながら、風呂に入る以外に、父親とは、いつどんなふうに触れ合えるかを聴き、母親が自分でどのような解決案を出していくかの手助けをしていくことが重要と考えたからである。

また、幼稚園では、集団に全くといってよいほど入れない幼児が時々いる。その中には、集団に入りたくても入れない幼児ではなく、友達を必要としていないのではと思わせたり、集団になると落ち着かず、乱暴になり、ルールを無視する幼児がいる。この場合教師は、幼稚園の生活は友達や教師と共に楽しく過ごすためにルールやきまりがあることを繰り返し説明する。ところが、多くの場合、説明直後では理解し納得したように見えるが、すぐに忘れてしまい、同じ振舞いが続く。しかし、保護者の意識としては、家庭では全く問題がなく、言うことはきちんと守る、手のかからない幼児

だと思っている。こうした保護者と教師との間に幼児の見方についてのずれがあることは確かであり、幼稚園生活ではいろいろな問題を起こしている幼児の保護者との関係について考えてみることが必要である。
　このような場合、保護者との相談は、ゆっくりと慎重に話合いを進めていく必要がある。そのためには、保護者の意識している「手がかからない、いい子」という行動について具体的に聴きながら、また家庭訪問等でその行動を観察し、場合によっては、保護者には幼稚園での幼児の生活を観察してもらうことも必要になる。
　このような努力を重ねながら、教師と保護者は、幼児の生活や行動に対する共通の理解をもった上で、幼児の道徳性の芽生えや、社会性の発達のためにどうしたらよいのかを話し合い、相互の理解を深め合う必要がある。

（2）教師は保護者と幼児の成長に寄り添って

　教師は、幼児に対しては教える立場にあるが、保護者に対しては必ずしも教える立場にあるわけではない。ある意味では、幼児に道徳性の芽生えの基礎を培うことのできる人は保護者であり、家庭である。教師は、各家庭で培われた道徳性の芽生えを、幼稚園という集団生活の中でよりよいものとなるように援助し、支えていくことになるが、そのためには、保護者と同じ目線で幼児の生活を共に考える姿勢が必要になる。
　そのためには、まず保護者の様々な訴えに耳を傾けること、すなわち、「聴く」ことである。「聴く」のは、単に聞くこととは違い、耳だけではなく、心を傾け、相手の気持ちや相手が伝えようとしていることを理解しようと努める態度である。また、保護者に幼児のことを伝えなければならないときも、幼児の姿を通して心から話すことである。その際に大切なことは、まず相手の気持ちを受け止めることで、決して批判的、否定的な態度

で接しないことである。保護者の気持ちに共感しながら聴いたり、話したりすることが大切である。保護者が感じていることや考えや、思っていることを丸ごと受け止める受容的態度が、保護者が教師に対して安心感や、信頼感をもつことにつながり、幼児のよりよい生活を共に考える前提となる。

　また、保護者に対して、何気なく幼児の幼稚園での生活の様子、幼児の見せるよい面やちょっとした成長などを伝えると、保護者は安心感が得られ、子育てに勇気がでるものである。

　教師は、保護者と子育てにおいて大切なことを一緒に考えたり、伝えたりすることが必要である。そのためには、教師は、幼児の発達への深い理解とともに、教師自身の生き方や子育て全般など、多様で広い視野をもつことが必要となる。

　教師の陥りがちな態度や話し方として注意しなければならないことは、保護者に向けて、いわゆる無責任なアドバイスをすることである。例えば、落ち着かないで歩き回ったり、すぐに手が出て友達とけんかしたりする幼児の保護者に、「キレやすいのね、家庭でのしつけに問題があるのでは」という応じ方などがこれにあたる。おそらく、家庭のしつけにも問題があり、もっともな意見を言っているのかも知れないが、この対応では保護者はどうしたらいいのかと不安に陥るだけである。

　教師は、幼児の生活や行動について意見や感想だけを述べるだけでは、責任ある姿勢とはいえないであろう。もし、教師として、幼児教育の専門家として、そのことが問題だと感じたら、できるだけ「どこから考えたらよいか、どういう見方をすればよいか」という具体的な考えを提示したいものである。もちろん、その提案に対して保護者が難しいと述べたら、「では、どうしたらよいのか」と保護者の気持ちをくみ取りながら、話合いを

重ねることが大切である。

2 幼稚園を子育てを啓発する場として活用してもらう

　幼児が様々な人々とかかわることを通して、幼児期にふさわしい道徳性の芽生えが培われるようにしていくためには、幼稚園が、それぞれの家庭の育児方針を理解するように努めるとともに、いろいろな機会を通して幼稚園の教育方針や幼児期の教育の在り方について、家庭に理解してもらうように努めることが必要である。すなわち、幼児一人一人の家庭での生活を踏まえて幼稚園生活をつくり出すとともに、幼稚園生活の充実が家庭教育の充実につながるように、幼稚園が子育てに関する適切な情報を提供し、幼児教育の専門施設としての情報発信の役割を果たすことが重要である。

　その際大切なことは、幼稚園からの一方的な伝え方や話し方ではなく、時間をかけ、丁寧に伝えながら、保護者自身が幼児期の教育について関心をもち、納得し、子育てに自信をもてるようにすることである。幼児の健やかな成長のためには保護者のかかわりは重要であることは確かであるが、あれもこれもと保護者の役割を強調するような伝え方や話し方であっては、保護者はむしろ子育ての負担感や不安感だけを増すことになってしまう。特に、近年の情報化社会の中にあっては、子育てに関する情報が氾濫し、幼児とどうかかわればよいのか戸惑いを感じている保護者も少なくないので、幼稚園が提供する情報によって、保護者自身が自分の子育てを振り返る機会や、子どもの成長を楽しみに感じられる機会となるように、情報の提供の仕方を工夫する必要がある。

　実際には、園便りや学級便り、懇談会、個別懇談、連絡ノート、保育参観や保育参加、講演会など、様々な機会を通して子育てにかかわる情報の

提供をすることになる。その際、単に言葉による説明だけで終わるのではなく、具体的な幼児の姿を通して、教育の理念が保育の中でどのように実現されているかを伝えていくことが重要であり、むしろ、こうした中で幼児期の教育について真の理解が生まれてくると思われる。いずれの場合においても、保護者の立場にたって、その理解を得られるように心掛ける必要がある。また、保護者が聞きたいこと、知りたいことを、相手に分かりやすく伝えていく努力も必要である。

　また、こうした家庭との連携を進めていくためには、幼稚園全体の教師間の協力体制をつくり、教師同士が幼児理解を共にし、どのような指導が必要か共通理解することが必要となる。幼児同士のけんかなどのある保育場面の指導を保護者に伝える場合、その話し方や説明は、教師それぞれの立場や個性、経験等によって当然異なるだろう。しかし、たとえ各教師の話し方や説明が異なっていたとしても、子育てにおいて大切にしていることは同じであることが相手に伝われば、保護者からの信頼が得られ、幼稚園の教育に対する理解が得られるようになる。もちろん、こうした協力体制は初めからつくられるものではなく、様々な問題の解決を繰り返し試みていく中で共通理解が生まれ、定着し、深まってくることを忘れてはならない。

　さらに、現在では、こうした子育てに関する適切な情報を幼稚園の中だけのものとするのではなく、広く地域の人々に提供し、幼稚園が地域全体の人々が子育てについて共に学び合える場となることが期待されている。この場合、こうした地域の様々な人々との交流を通して、幼稚園の教師自身も、子育てについて共に学ぶという姿勢をもつことが大切であり、そうした中で幼稚園に対する信頼が生まれ、真に幼児教育の中核としての幼稚園となっていく。

第5節　幼稚園全体の協力体制を整える

　幼稚園において道徳性の芽生えを培うためには、具体的な日常の生活の場面で、その時々の状況と関連付けながら指導していくことが求められてくる。そのためには、担任の教師が他の教師と連携していくことや、幼稚園全体で協力していくこと、さらには、地域の小学校などの関連する機関とも連携していくことなどが必要となる。そこで、次には、こうした連携や協力を進めていくときに大事な幼稚園全体の協力体制について配慮すべきことを、具体的に考えていくことにする。

1　幼稚園全体で幼児理解を進めていく

　幼児の行動は必ずしも周囲の状況に沿ったものとは限らないし、大人の目から見ると不適切と映る場合もあるだろう。しかし、自分中心の幼児の行動の中にも、道徳性の芽生えとして理解できることもたくさん含まれており、それを見つけて適切な行動へと導いていくことが、教師の役割として求められてくる。

　こうした役割を担任が一人で担おうとするのではなく、複数のまなざしで見ていくことが重要である。道徳性の芽生えにつながる幼児の行動は、多くの場合にその理解が容易ではないからである。例えば片付けを手伝おうとして、その仕方が乱暴でかえって物を傷つけてしまった場合を考えてみよう。この場合にその動機は適切であったといえるが、その結果は適切であったとは言い難い。そのときに教師としては、褒めたらよいのか、注意したらよいのか迷うところである。

こうした事例において、担任が一人で対応していくと、時としてその行動の理解と指導の方向性が誤ってしまうこともでてきかねない。いくら動機がよくても結果が悪ければすべてだめと決め込んでしまう場合もあるかも知れないし、その反対に動機さえよければ結果は一切問わないと決め込んでいる場合もあり得る。

その行為を道徳性の芽生えにつなげていくためには、その子の発達や状況に応じた理解と指導が必要になってくる。この事例においては、まだ片付けを手伝い始めたばかりの幼児であれば、その動機をよいこととして褒めて結果については軽く注意する程度でよいかも知れない。もう片付けに慣れているはずの幼児であれば、結果を重視してもっと丁寧に扱わないと壊れることを注意する必要がある。この場合においても、その片付けの前に同じ教師によって注意されることが続いているような状況下では、これ以上注意するとその幼児の気持ちが落ち込んでしまうので、むしろ動機を褒めて、結果については軽い注意程度にとどめることでもよいかも知れない。

このように幼児の行動を理解し、それを道徳性の芽生えと結びつけていくことは、その行動に対していくつもの解釈ができるので難しい場合もでてくる。そのために一人の教師だけで進めていくと、その人なりの解釈しかできないという限界もでてくるために、時として理解や指導の方向性がずれたものになる場合も出てくる。

そこで、こうしたずれを防ぐためにも、理解や指導に困難を感じるような場合は、他の教師や保護者などとも話し合い、その行動をどう理解し指導したらよいのかについて互いの見解を出し合い、それを担任が参考にして理解や指導の方向性について修正していくことが必要になってくる。

判断に迷うような行動に直面した場合には、できるだけ速やかに教師間

で事例を検討することが求められているし、また、担任は自覚していなくても周囲の教師がその理解と方向性でよいのか疑問を感じたような場合にも、速やかに教師間で事例の検討を行う必要がある。このように、幼児の道徳性の芽生えに関連する行動の理解と指導の方向性について、全体で進めていく姿勢が求められている。時には、教師だけでなく、相談、保健等の専門家を交えることも有効である。

2 幼稚園全体で指導観を共有していく

　道徳性の芽生えにつながる行為は、それを培う過程においてはむしろ問題とされるような行為として周囲の人たちの目には映ることも少なくない。例えば、小動物の世話が大好きで自分から取り組み始めた幼児も、初めからうまく世話ができるわけではない。時には乱暴な可愛がり方をすることもあるし、世話の仕方が分からずにかえって動物に無理に食べさせてお腹をこわさせてしまうこともあるだろう。

　こうした場合に、その幼児のこれまでの経過を知らない教師や保護者がその行為を見ると、小動物を可愛がらない乱暴な幼児という見方がなされないとも限らない。そしてこうした誤った見方で周囲の大人がその幼児を理解していくと、それはこの幼児の実態とはまったく逆のものとなってしまう。そこで担任は、その一見すると動物をいじめているように見えるその幼児の行動が、可愛がろうとしているがやり方が分からないのだということを伝えていく必要性がでてくる。その情報が伝わらないと、その幼児は動物をいじめている幼児として理解されてしまうだろう。

　そこで、こうした誤解されやすい事例では、幼稚園全体としてその幼児の行動をどう理解し、どのような方向性で指導していくかという個に対す

る指導観をみんなで共有していく必要性が生じてくる。その具体的な方法としては、保育が終了した後に行う簡単な話合いの場で情報を交換することや、理解の難しい幼児の事例検討を行うことまで、幅広く話合いをもつようにすることが重要となる。そのときにそれぞれの担任がみんなに共通に理解しておいてほしい幼児の様子や行動の意味について気軽に報告したり、理解が難しい幼児についてみんなで考え合うことで、その幼児の理解が幼稚園の教師全体の中に形成され、個に対する指導観も共有されていくことになる。

また、指導観はこうした個に対するものだけではない。もっと学級や学年全体の幼児に対する道徳性の芽生えに関する指導観の共有ということも大事になってくる。それがばらばらであったのでは、幼児の指導においても支障が出てくるし、幼稚園として保護者の信頼も得られない。教師の指導観を共有するためには、幼児の人間関係の広がりや深まりに沿って、どのように道徳性の芽生えを培っていくかを見極めながら、教育課程を編成し、指導計画を作成することが重要である。

しかし、こうしたすべての幼児に対する幼稚園としての指導観の共有は、決められたからといってそのまま一律に実行できるというような簡単なものではない。それは、それぞれの教師の内面にもかかわることであり、こうした道徳性の芽生えに関連する具体的な問題が生ずるたびに、みんなで話合いを積み重ねていくことが必要になってくる。そのことにより、幼稚園の教師全員の中に道徳性の芽生えに関する考え方が共有され、「このように理解し、このような方向性で指導していけばよい」という指導観が形成されていくことが求められてくるのである。

幼稚園全体の協力体制づくりは、これから地域に開かれた幼稚園にしていこうとする場合には、より強く求められてくるものとなるだろう。これ

からは、幼稚園でも園児とその保護者だけでなく、地域の未就園児のいる保護者やボランティア、さらには近隣の小学校や保育所、高齢者施設や障害者などの施設に関係する人々とのかかわりも増えていくことになる。こうしたかかわりにおいても、幼稚園の教師間で指導観が顕著に違っていたのでは困ることになる。したがって、各幼稚園における幼児の実態に即した指導計画を作成し、教師の指導観を共有していくことが、これまで以上に必要になるだろう。

3　ティームで保育を展開していく

　幼児に道徳性の芽生えを培うためには、幼稚園の教師や職員が協同して保育に当たるティーム保育の導入が必要である。

　ティーム保育は、例えば、数名の教師が2学級以上の指導に当たる方法、園外保育などを学級を単位としてではなくグループごとに行う方法、複数の教師が学級の担任となる方法などがあり、指導の場面や各幼稚園の実情に応じて様々な方法が考えられる。いずれの場合においても、ティーム保育における教師間の関係を、例えば、主と従といった固定した関係としてとらえることなく、それぞれの教師の持ち味を生かしながら、ティーム保育を行うことにより、幼児一人一人の人とのかかわりや様々な経験を広げ、その力を発揮できるようにすることが大切である。

　こうしたティーム保育の導入や展開に当たっては、日常の保育での情報を交換し合い、多面的に見ていくことから、幼児理解を深め、教師の役割を分担したり、幼児とのかかわり方を共有化したりするなど、教師間の日常的なコミュニケーションの充実を図ることが大切である。

　例えば、5歳児の担任が3歳児のトラブルに直面することもある。この

場合に、3歳児の担任の代わりに仲裁に入ることになる。そのときには、3歳児の発達に合わせた介入の仕方や指導の方向性が求められてこよう。それが可能になるためには、自分の学級や学年のことだけでなく、他の学年や学級がどのような発達の姿なのか、どのような方向性で指導を進めているのかを理解しておくことが、ティーム保育の展開の基礎となるであろう。

　また、こうした場面を経験した後には、その学年の教師やその担任の教師にも、その出来事の経過を伝えておくことはいうまでもないことである。同時に、この場合には学級の何を大事にしてかかわればよいのかも聞いて、改めて他の学級を理解し直したり、自分のかかわりを反省することも欠かせないだろう。こうした日々の出来事の見直しや反省を積み重ねていくことを通して、自分の学級だけでなく、他の学級の幼児たちのことも本当に理解でき、指導していけるようになるのである。

　このように、道徳性の芽生えを培っていくために、ティーム保育は欠かせない要素なのであるが、そこで求められてくることは、教師間が親しく助け合っていく姿勢であり、どの幼児も等しく大切な存在としてかかわる姿勢なのである。こうした姿勢がもてなければ、いくら形式的に話し合ったり協力したとしても、それは道徳性の芽生えにはつながりにくいものとなってしまうであろう。

4　教師間の協力体制をつくる

　幼稚園においても、ちょっとした問題や緊急の出来事が生じることがある。こうした事態に対して教師がどのように協力して対応していけるかも、幼児や保護者にとっては大きな影響を与えていくことになる。

例えば、保育中に幼児が軽い怪我をするようなことが起こる。こうした場合に、担任が怪我をしている幼児に対応している間は、別の学級の担任や教頭や主任などが保育に入ったり、園長が保護者や病院等に連絡を取って対応を相談することが必要になる。こうした一連の連携と協力がスムーズになされていくならば、その怪我をした幼児と保護者には、かえってそのことによって、自分たちがしっかりと守られているという安心感と幼稚園に対する信頼感が得られることになるだろう。

　幼稚園全体の円滑な協力体制は、誰かに言われてすぐにできるものではない。このように連携や協力が必要とされる問題に直面して初めて、その問題点やまずさが明らかになることも多い。大事なのは課題が明らかになったならば、速やかにその体制を見直し、修正していくことであろう。一度の失敗も、すぐに修正されていけばまた安心感や信頼感を取り戻せることになる。また、自分たちに問題があったときには、それを素直に受け止めてすぐに修正していく態度も、幼児たちに伝えたい態度の一つでもある。

　これからの幼稚園は、地域の幼児教育のセンターとしての役割を期待されている。そのために、地域の人々が訪れることや、地域の相談・医療機関などを含めた関係機関との交流も増えていくことになろう。こうした交流を進めていくためには、誰がどのような役割を担っていくかという仕事や担当の分担が明確にされていることが必要になろう。そうしないと、大事な連絡がうまく伝わらなかったりして、混乱や不信感につながってしまう。そうなると、かえって交流することがマイナスになってしまうことにもなりかねない。

　それを避けるためにも、窓口や責任の所在を明確にしておき、その人に情報が集約されるような協力体制を形成していくことが必要である。一般に幼稚園は教職員の人数が少ないことが多いので、一人が幾つもの役割を

分担することもあるし、また他の仕事で手が離せないこともある。そうした場合には、担当の教師がいなくても他の教師が代わりに分担していけるような工夫も求められてこよう。そのためには、どのような事柄にはどのように対応すればよいかが、みんなに分かるようにしておくことや、その仕事がどこまで進んでいるかが他の教師にも分かるように進めていくことなど、様々な創意工夫が求められてくるだろう。

5 小学校との協力体制をつくる

　道徳性の発達は、幼稚園だけではぐくめるものではなく、幼児期から児童期へと連続性をもって成長していき、道徳性の芽生えの形成も、その時期に応じた指導を通して成し遂げられていく。そうした指導の連続性を実現するために、幼稚園と小学校の教師は、それぞれの時期に応じた指導の内容や方法について理解し、指導の継続性を生み出していくことが求められてくることになる。

　小学校における学級経営上の問題については、平成12年にその実態が報告された。そこでは、幼稚園と小学校の教員間の連携・協力が十分できていたら、小学校の学級がうまく機能したであろう事例が挙げられている。こうした問題を解決するためにも、幼稚園と小学校の教師が協力して共通理解を図り、教育に取り組んでいくことが求められているといえよう。

　その連携の第一歩は、幼稚園と小学校の教師がそれぞれの発達段階にある子どもたちの特徴とその指導の特質を、互いに理解し合うことである。その際、幼稚園と小学校が連携し、幼児期にふさわしい主体的な遊びを中心とした総合的な指導から、児童期にふさわしい学習等への指導への移行を円滑にし、一貫した流れを形成することが重要になっている。こうした

指導の特質を相互に理解していくためには、互いの保育や授業を見学し、時には参加することにより、その内容と方法を実際に体験していくことが必要だろう。また、こうした教師間の相互理解の内容としては、互いの子どもたちの生活に対する取り組み方の違いを理解することも大事になってくる。それにより、幼稚園と小学校の子どもたちの生活に連続性を生み出せるからである。

　こうした幼稚園と小学校の段差を埋めるための教師間の相互理解は、まずは幼稚園の年長児担当者と小学校の低学年担当者、特に一年生の担当者から、始められることが望ましいといえる。また、小学校において理解や指導に困難を感じる子どもがいるような場合には、その子どもの幼稚園における指導の経過などについて情報交換をしたり、指導方法を相談することも必要になってくる。そのためには、地域の幼稚園や保育所と小学校の関係者が一堂に会して、必要な情報を交換する機会を定期的に設けることも必要であろう。合同の研修会や研究会を定期的に開催することも、同様の観点から、よい機会となるだろう。

　また、このような幼稚園と小学校の連携は、教師間に限られているものではない。何よりも、幼児と児童が交流することによって、発達や生活の連続性を生み出すことにもつながるだろう。さらには、保護者間の交流も意味をもってくる。幼稚園の保護者の中には、子どもが小学校になじめるかどうか不安を感じている人も多い。そこで、小学校の授業を参観したり、保護者同士が交流することで、そうした不安を解消できることになる。そのためには、合同の保護者会を開催して情報交換をしたり、行事への相互参加などもよい機会になるだろう。

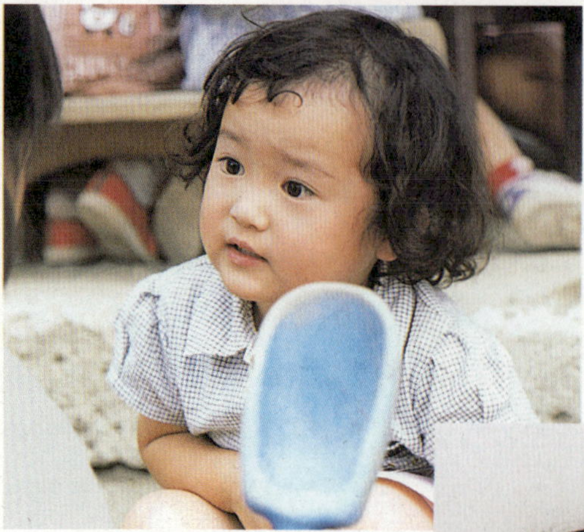

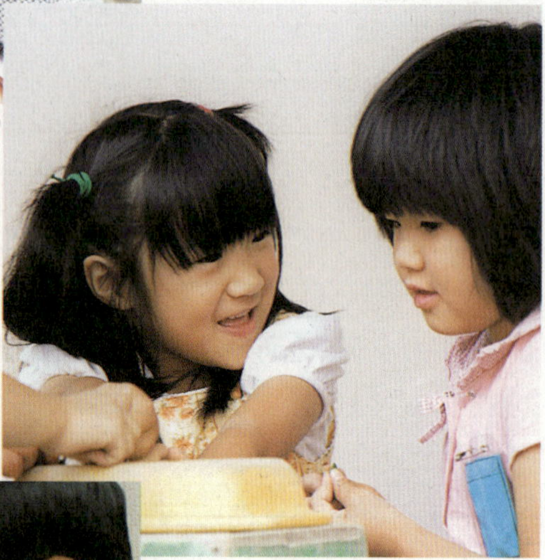

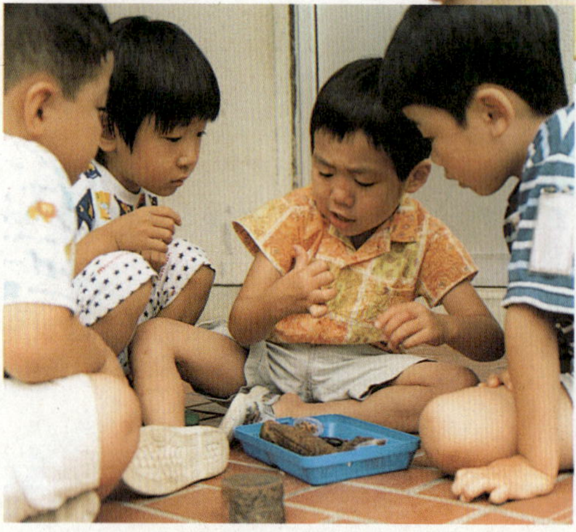

第3章

道徳性の芽生えを培うための指導の実践事例
〜人間関係の広がりと生きる喜び〜

　第3章では、どの幼稚園でも起こりうる日常的な出来事を取り上げ、幼児期における道徳性の芽生えを培うための指導について、事例を通して具体的に考えていくこととする。各事例では、道徳性の芽生えにつながる幼児の姿と教師のかかわりに焦点を当て、指導の在り方を示したが、各幼稚園において必ずしもこれらの事例と同じような解決ができるわけではない。それぞれの幼稚園や地域の実情、幼児一人一人の特性、様々な出来事の背景などによって、当然、その解決は異なってくる。大切なことは、ここに示す事例を手掛かりにして、教師一人一人が自分自身の指導を振り返り、よりよい指導を見つけ出すことである。
　ここでは、「1　道徳性の芽生えと教師の役割」と「2　幼稚園生活の充実と教師の役割」との2つに分けて示した。1は、幼児の人間関係の広がりや動植物などの生命あるものとのかかわりに沿って、道徳性の芽生えにつながる指導場面を17事例取り上げ、その指導の在り方を述べている。2では、幼児の生活の連続性や指導の継続性などに焦点を当てた3事例を取り上げ、幼稚園生活の充実と教師の役割の実践について述べている。

1　道徳性の芽生えと教師の役割

―― 初めての集団生活の中で ――
　　　　　他者の存在に気付く　　　　3歳児

　幼稚園は、幼児にとって初めての集団生活の場である。家庭とは異なり、同年代の大勢の友達がいて、先生がいる。また、みんなと一緒に生活していくためには、守らなくてはいけないいくつかのきまりや約束がある。したがって、初めての幼稚園生活は、幼児にとって、当然、戸惑いが大きいものであるが、幼児は、友達や先生と一緒に生活する中で、様々な体験を重ね、次第にそのきまりや約束の意味を理解し、自分のものとしていく。幼児が、このような初めての集団生活の中で、自分とは異なる他者の存在に気付くことは、幼児の道徳性の芽生えを培うことに深くかかわる。

　事例1は、周囲の状況に構わず勝手気ままに行動していた幼児が、教師や友達の動きに関心をもつ場面をとらえたものである。

　事例2は、友達と砂場の穴を取り合う中で、自分と同じ思いをもつ他者の存在に気付く場面をとらえたものである。

　いずれの事例も、初めての集団生活の中で、他者の存在を意識することから、その行動が変化してきた幼児の姿をとらえている。

事例1　みんなと一緒に絵本を見る（3歳児　6月）

＜幼児の姿＞

　片付けの後、幼児たちは降園の仕度をしているが、K男は、遊具のしまってある資料室の棚に興味をもち、次々と棚をあけて見ている。保育室では、S先生が、絵本の読み聞かせを始めようとしている。M先生が、K男に、「楽しいことが始まるみたい。友達がK君を待ってるよ」と声を掛けると、K男は、保育室の方を見て、椅子をとりに行き、保育室に戻る。みんなが集まっているところに座って、一緒に絵本を見始めた。

＜教師の援助＞

　これまで、K男は、自分のしたいことがあると、みんなが集まっていても一人で遊びを続けたり、降園の時間になっても再び遊び始めるなど、幼稚園生活の流れよりも自分の興味を優先させることが多かった。教師は、K男が自分から幼稚園生活の流れに気付いて行動するようになってほしいと願っていたが、K男には本人なりのペースや行動の意味があると思われたので、その行動をしばらく見守ることにした。K男は、言われてすぐには集まってこないが、ある程度自分のしたいことをすると納得したように自分で一段落させて、周囲の様子に目を向けるようになるので、この日も教師はころ合いをみて、先生や友達がK男を待っていることを知らせることにした。教師の誘いかけでK男が保育室に戻る姿から、K男は、教師が読んでくれる絵本を楽しみにしていて、教師とのつながりや自分を取り巻く友達の存在を感じ取るようになってきていることが推測できる。

事例2　入っちゃだめ！（3歳児　10月）

<幼児の姿>
　M夫が、砂場に掘ってあった穴にじょうろで水を流し、穴の中に入って遊び始める。M夫が水を汲みに行っている間に、C子が穴の中に入って遊び始める。戻ってきたM夫は、「だめ！入っちゃだめ！」と叫び、C子を押しのける。どちらも譲らず押し合う。そばで見ていた教師は、2人を支えて一緒に穴の中に立たせる。M夫は、C子と並んで穴の中に立ち、「順番？」とつぶやいて、そばで見ていた他の幼児を見る。その後、2人は、交代を楽しむように、入れ替わり穴に入ったり出たりして遊んでいた。

<教師の援助>
　M夫は、C子が来ると自分のしたいことができなくなると感じたのであろう。相手を強く拒否し、自己主張している。C子も、M夫を押しのけて自分の場所を守ろうとし、2人は体を張って主張し合っている。M夫は、C子が加わったことで自分のしたいことを強く意識し、自己主張したが、自分の思い通りにならないことを経験し、C子の存在を意識するようになっている。また、一方で、M夫は、この頃、友達と一緒に遊びたい気持ちを表すようになってきているので、教師は、双方の気持ちが満たされるようにと考え、2人を支えて一緒に穴の中に立たせた。互いの主張がぶつかり合うことで、自分の思い通りにならない経験をし、相手の存在を知っていくようになっている。それとともに、相手と自分は同じことを楽しいと思うことに気付き、2人の気持ちのつながりも生まれている。

○自分の主張にこだわる姿を肯定的に受け入れる

　3歳児では、自分のしたいことや思っていることを言葉で表すことは難しく、行動で表すことが多いが、時にこうした行動が自分勝手な行動として受け止められてしまうことがある。例えば、事例1のK男のように、みんなが集まっていても自分の好きなように遊んでいたり、事例2のM夫のように、自分のしたいことがあると相手を押しのけたりしていざこざになったりする等、自分のしたいことにこだわる幼児の姿は、困った行動と受け止められ、教師の適切な援助が得られないことがある。

　K男の場合、これまでに、教師がK男をみんなの輪の中に無理に入れようとすると、ますます自分のしたいことにこだわり、教師の願いとK男の気持ちとがちぐはぐになってしまうことがたびたびあった。教師は、K男が集まってこないのは、その場所やその物で遊びたい気持ちの表現であると理解した。したがって、繰り返し誘いながら、K男自身が自分から教師の誘いかけに気付いて応じるように、できるだけゆったりとした気持ちで待つようにしてきた。その結果、K男は、教師の誘いかけに対し、しばらく時間はかかっているが、自分から教師や他の幼児のいるところへ戻ってくるようになってきている。少しずつではあるが、K男自身が教師や友達の存在に気付き、その動きに関心をもつようになってきたようだ。

　M夫の場合、自分の主張にこだわり、相手の気持ちに気付いたり自分の行動を調整したりすることがうまくできないでいる。教師は、自己主張をまず受け止めることによって、気持ちを落ち着かせ、自分と同じ思いをもつ友達の存在に気付いていくようにすることが必要であると考えた。

○周囲の状況や教師の願いを伝えていく

　幼稚園生活では、自分の思いや考えだけで動いていると、友達とのいざこざになったりしてうまくいかないことが起こるが、こうした友達とのい

ざこざの場面を通して、幼児は周囲の状況を感じ取り、友達の思いの視点に気付いていく。そこでの教師のかかわり方によって、その後の幼児の行動は変容していく。

事例1では、教師は、幼児一人一人が大勢の中でも安定して過ごせるようにしたいと願い、毎日、降園前に、教師の周りに集まってみんなで紙芝居や絵本を見たり聞いたりする時間をとり、幼児たちが先生や友達と一緒に過ごす楽しさを体験させている。幼稚園生活の中に、こうした場を意図してつくることにより、幼児が、幼稚園生活の楽しさを体験するとともに、1日の生活の流れを知り、幼稚園生活の流れに沿って自分から行動できるようになっていくと考えた。

また、幼稚園生活においては、絵本や物語に触れることが多い。このような場面は、幼児が先生や友達と心を通わせ、登場する人物や生き物の生き方に触れ、それらを自分の経験に照らし合わせながら、自分の生きる世界を知っていく機会となる。これも、幼児期の道徳性の芽生えを支える大切な指導場面である。

事例2では、教師は、いざこざの場面で双方の気持ちを受け止めつつ、気分転換して遊びが続けられるようにしている。教師は、それぞれの幼児が自己主張をする姿を受け止めることによって、幼児が気持ちを落ち着かせることができると考えた。また、幼児は、自分の思い通りにならない体験をする中で、友達の存在に気付いている。さらに、幼児は、体で相手の存在を感じながら遊ぶ中で、友達と一緒の楽しさやつながりを感じ取っている。こうした援助によって、幼児は、今まで知らなかった他者の視点に気付くようになっていくと思われる。

特に3歳児は、自分の主張にこだわり、友達の思いに気付いたり自分の行動を調整したりすることはうまくできないが、こうした自己主張を通し

て自分の思い通りにならない経験を重ねることにより、自分の周囲にいる友達の存在を知るようになっていく。さらに、幼稚園での生活の流れや友達と一緒に生活する楽しさを感じ取ることによって、他者へと意識を向け、他者の気持ちや願いにも気付くようになっていく。

　幼児にとって、初めての集団生活においては、教師は、幼児一人一人の欲求や気持ちを受け入れるとともに、幼児が幼稚園での生活の流れや友達と一緒に生活する楽しさを感じ取っていけるように教師の願いを伝える、ということの両面をもってかかわる必要がある。

初めての集団生活の中で
幼稚園生活のきまりを知る　　4歳児

　入園して間もない幼児は、幼稚園には家庭とは異なる独自の生活の流れがあることに戸惑うだろう。好きに遊ぶ時間もあれば、遊んでいたものを片付けて学級のみんなと活動する時間もある。食事も大勢の友達が揃っていただくことになる。こうした場面でなかなか片付けなかったり、集まって来ない幼児がいると、他の幼児は待たされることになる。それがある特定の幼児である場合には、「Bちゃんはいつもフラフラしている悪い子」という見方をされ、「困った子」と思われてしまったりする。

　次に示す事例は、片付けをして集まることの意味を全く理解していなかった入園したばかりの4歳児が、様々な体験を重ねる中でその意味を理解していく過程をとらえている。

事例3　B男の行動の変化を追って（4歳児　4月〜11月）

　4月　片付けるのはいやだ
　　入園から2週間。B男は、一輪車に砂を入れて園庭を歩き回る遊びが気に入っており、他の幼児とはかかわらずに、一日中一輪車を引いている。担任は、幼稚園生活に慣れず不安定でまだ泣いている幼児にかかわることが多く、主任が時々B男の遊びにかかわっている。
　　片付けの時間になり、担任がB男に声を掛けるが、なかなか片付けようとしない。主任が個人的に対応し、ようやく片付けをして保育室に戻り、濡れた服の着替えをする。その頃、他の幼児は担任の周りに集まって座り、絵本を読んでもらっている。

しかし、着替えの終わったＢ男は、そこに行こうとせず、廊下に出たり５歳児の保育室に行ったりする。「Ｂちゃん、面白そうなお話が始まっているよ」と言いながら主任が声を掛けると、うれしそうに笑いながら走り回り、わざわざ主任の顔を見ながら逃げていく。主任が追いかけるのをやめると水道のところに行き、水遊びを始めてしまった。
　その後、担任は、集まりの場面では、できるだけＢ男と一緒に行動するように心掛けた。特に、Ｂ男の興味や関心をとらえながら絵本を選ぶ、絵本を見る中でのＢ男のつぶやきに応じるなどして、Ｂ男の心に働き掛けることを重ねてきた結果、Ｂ男は、教師が読み聞かせをする絵本の時間が好きになり、「集まろう」と誘うと一番前に座るようになってきた。

９月　Ｃ男君が大好き
　夏休み明け、砂場で一緒に遊んだことがきっかけで、Ｂ男とＣ男は気が合い、常に行動を共にしようとするようになる。まるで子犬がじゃれ合うようにふざけてもみあったり、追いかけっこをしたりしているが、実に楽しそうである。
　２人はこの触れ合いの楽しさに区切りをつけることができず、片付けの時間になっても、例えば、帰りの時間になってみんなが身支度をして椅子に座っている時も、２人だけでふざけていて、教師の話を聞かないので、その都度、周りの幼児が困っていることを伝え、注意をした。

11月　車を直したい・・・
　ここ数日、Ｂ男は空き箱でつくったバスを走らせたり、修理したりすることに凝っている。毎日家に持って帰り、家庭では食事の時も寝る時も片時もバスを離さないらしい。幼稚園でもずっと持って遊んでいるが、

片付けの時間になると決まって製作コーナーに行きバスの修理を始め、片付けようとしない。B男は、次の遊びへの準備をしているつもりかもしれないが、バスを手放せない様子なので、教師が「みんなが待っているから」「また後で遊べるから」と繰り返し言う。しかし、B男は「待ってて」と言いつつ、その場を離れられないでいる。我慢できないようである。再度、教師は、「片付けはじまってるね」と、B男に言い、その場を離れた。
　他の幼児たちが片付け終わる頃、教師は、B男に対し、「Bちゃんのバスの車庫をここにしようか」と提案してみた。B男が座る席からよく見える棚の上であることもあって、B男は素直に「うん」と、納得し、バスを棚の上に置いている。教師は、バスのまわりに赤いビニールテープで枠組みをして、「Bちゃんのバスの車庫ね」と、確認する。B男は安心したのか、自分から使ったものを片付け、自分の席に着く。

○「集まり」の時間を工夫し、幼児が集まりたくなるような気持ちを育てる
　4月のB男の姿からは、集まることは自分の遊びを中断させられる「いやなこと」のようであったことが読みとれる。しかも担任との信頼関係も十分にできていないので、集まって先生の話を聞くことが楽しみなことにならず、B男自身が集まりの必然性を感じることができないでいる。主任に呼ばれると、うれしそうに笑って逃げるという姿からは、人とかかわりをもちたいという気持ちが読みとれる。
　担任は片付けや集まりのときにだけB男に声を掛け注意をしてきた。しかし、それは、「片付けない」「集まらない」という姿だけを見ていたからであるように思われる。注意することも必要だが、一輪車で遊ぶB男と遊びの中でかかわりをもち、「大好きな先生の話が聞きたい」という気持ちが

もてるようにすることも必要である。

　多くの幼児は、入園してしばらく経つと、幼稚園生活の流れを感じ取り、好きなように遊ぶ時間にも、またみんなで一緒に取り組む時間も喜びを感じ、集団生活に慣れてくるが、Ｂ男のように一人で遊ぶことはいいが、みんなで一緒に活動することを心地よいとなかなか感じない幼児もいる。「集まらなければならない」と行動のみを強制するのではなく、おのずと「集まりたくなる」ような気持ちをもつために、教師とのよいつながりをつくることが大切だろう。

○発達の見通しをもってかかわる

　９月になると、Ｂ男は、一人で遊ぶよりある特定の友達とのかかわることの方が楽しくなった。「集まり」は楽しいと分かっているし、そのために片付けが必要だということも既に理解している。教師は、Ｂ男のうれしい気持ちを受け止めながらも、ふざけると迷惑をする友達がいることを伝えるようにした。学級全員の活動が楽しいのは、友達との関係ができているからであり、Ｂ男にとってその核となるＣ男との関係は大切にしなければならないが、同時に、周囲の友達の気持ちも考えるように伝えることも必要である。

　１１月の事例は、再び自分の欲求を抑えることができないＢ男の姿をとらえている。４月とは異なり、Ｂ男は集まる必然性やその楽しさは感じている。「今、自分は何をするべきか」をＢ男は分かっているが、バスでもっと遊びたいという気持ちが抑えられず、やりたいこととするべきこととの間で葛藤しているようである。こうした葛藤を乗り越えることで、幼児は、次第に生活のきまりを守らなくてはならないことに気付いていくので、この葛藤場面での教師のかかわりは重要である。ここでは、教師は、周りの状況が変わることを待って、再度片付けをすることをうながしている。周

りの幼児たちが片付けていることに気付くことによって、B男自身が自分のやるべきことを意識できると考えたからである。
　幼稚園生活の中には、集まる場面はたくさんある。このような場面では、もちろん「集まって」という指示に対して、すぐに集まることも大切だが、すぐに集まれることだけが必要ではなく、幼児が自分から集まらなくてはという気持ちをもつようになることが大切である。そのためには、自分がやるべきことを繰り返し伝えながら、幼児自身が幼稚園生活にはきまりがあることに気付き、きまりを守ろうとする態度を育てていく必要がある。

第3章

───── 初めての集団生活の中で ─────
　　　　　順番が分かるまでに　　４歳児・５歳児

　近年の核家族化や少子化の流れの中で、家庭や地域の生活では、兄弟姉妹が少ない、あるいは同年代の幼児と遊ぶ経験がほとんどない幼児が多いので、幼稚園で遊具を交代で使ったり、順番を待ったりすることが、初めての体験となる幼児は多い。こうした幼児が、幼稚園に入園して順番の意味を理解するまでには時間を要するし、一人一人に応じたきめ細かな指導が必要である。

　次に示す２つの事例は、入園して間もない４歳児の姿と、当番活動を始めたばかりの５歳児の姿を取り上げ、幼児が順番を待つことを理解する過程と教師のかかわりをとらえている。

事例４　10かぞえたら交代ね（４歳児　５月）

　幼稚園生活にもだいぶ慣れ、それぞれが思い思いの遊びを展開し始めた頃のことである。
　Ｔ男とＫ太が、固定遊具の一つである吊り輪を巡って取り合いを始めた。吊り輪で遊んでいるＴ男に対して、Ｋ太が「かして」と何度も言っているが、Ｔ男は全く聞き入れない。Ｋ太の「かして」という言葉に対して、Ｔ男が「だめ」と、あっさりと答える。「かして」、「だめ」という２人のやり取りがしばらく続いていたが、Ｔ男が全く受け入れないのでＫ太はとうとう泣き出してしまった。
　Ｔ男は、なぜＫ太が泣いているか理解していない様子なので、教師は、Ｔ男に対して「Ｔちゃんが使っているもの、Ｋちゃんも使いたいんだっ

て。順番に使うように交代してあげてね」と言いながら、T男に対して、K太が悲しそうな表情をしていることに気付かせるようにした。

しかし、T男は「ぼく、乗ったばかりだから今はだめ」と言う。「じゃあ、10数えたら交代ね」と教師が提案すると、T男が、しぶしぶではあるが、理解した様子なので、教師はK太と一緒に10数えることにした。

10数え終わり、T男は、教師の言葉を聞き入れて交代をする。

しばらくして、T男がK太に「かして」と、同じ遊具を使いたいと言いにくるが、今度はK太が「だめ」と答えている。せっかくT男から遊具を譲り受けたK太であるが、T男の要求に全く応えようとしない。立場が逆転して、また2人は「かして」、「だめ」を繰り返している。

事例5　ぼくが、やるから（5歳児　5月）

昼食の時間になり、幼児たちはそれぞれにお弁当を並べ、食事をとる準備を始めている。S男は一人、ぼんやりとしてドアの近くに立ったままである。教師が、どうしたのか尋ねると、「今日は、ぼくが、やかんの当番なのに、Rちゃんがやっている」と悔しそうに答える。

この学級では、5歳児になって当番活動を始めたばかりである。幼児たちは、当番をすることを楽しみに待っている。特に、幼児たちの間では、やかんの当番に人気があり、やりたいと思う幼児たちが順番を決め、当番の表をつくっていた。S男も、昨日から、「明日は、ぼくが当番」と、うれしそうに話していたらしい。

せっかく「今日はできる」と思っていたところが、R太が先にやかんを持ってきて、麦茶をコップに注いでいるのを見て、あわてたらしい。

R太は、昨日の当番だったので、教師は「ありがとう。でも、Sちゃ

んが今日の当番だから、もう大丈夫。Ｓちゃんとかわってあげて」と言ってみた。しかし、Ｒ太はかわろうとしない。「ぼくが、やるから」と言って譲らない。Ｓ男は、悔しくてＲ太の手を無理やり引っ張ったので、とうとうやかんの麦茶をこぼしてしまった。

　こぼれた麦茶を見て、Ｒ太ははっとしたようだ。Ｒ太は、Ｓ男が懸命に自分の順番を主張していることに気付き、やかんを素直にＳ男に渡している。Ｒ太が自分の行動の問題に気付いた様子なので、教師は、「Ｒちゃん、ありがとう」と声を掛け、Ｒ太が拭くのを見て、一緒にこぼれた麦茶を拭くことにした。

○自分の行動の問題に気付くように

　事例４の「かして」、「だめ」というＴ男とＫ太の２人のやり取りを見ていると、悪びれた表情が全くないことに驚く。おそらく、２人には、これまでの生活の中で、一つの遊具を交代して使う経験がなかったのであろう。この場合、Ｔ男は、Ｋ太の「かして」という言葉が、自分に向けられた言葉であるとは思っていないし、なぜＫ太が泣いているのかも分からない。教師の言葉にうながされて、交代をすることになったものの、おそらく何が問題なのか気付いていないだろう。

　これに対し、事例５のＲ太の場合は、順番を守らなくてはいけないことを知っているが、「どうしてもやかん当番がやりたい」という自分の気持ちを抑えることができず、「分かっているけど、自分がやりたい」という思いが優先している。こうした友達との葛藤やいざこざの体験の中で、相手の気持ちに触れることを通して、幼児は、自分の気持ちを抑制する力を徐々に身に付けていくと思われる。

○教師の存在と役割が重要

　事例4のようやく吊り輪を交代してもらったK太は、替わってくれなかったT男と全く同じ行動を繰り返している。おそらく、K太は、自分が使いたいと思う気持ちと同じように、友達も使いたいと思っているということを全く理解していないのだろう。これから先、友達に貸す側、貸してもらう側のそれぞれの立場に立ち、その当事者となる体験を重ねる中で、順番の意味を理解し、守らなくてはいけないことを知っていく。その際、幼児は、教師と一緒に行動しながら、あるいは教師の言葉に誘われて行動することを通して、徐々にきまりの意味やその守り方を知っていくので、教師の積極的な働き掛けが重要である。

　これに対し、事例5では、R太が、麦茶をこぼしてしまったことで、自分の行動の問題に気付き、その状況をよく理解した様子なので、教師は、R太に対しそれ以上のことは言わずにいる。教師が一緒に寄り添い、その心を温かく受け止めることがR太の自信の回復につながると考えたからである。

　いずれの場合も、幼児が幼稚園生活のきまりや約束を理解していくためには、共に生活する教師が重要な役割を果たしている。

友達とのかかわりを深める中で
よいことや悪いことに気付く　4歳児

　幼児は、幼稚園生活で自己を発揮し、様々な遊びを楽しむ中で、友達とのいざこざや葛藤(かっとう)を体験し、それを乗り越えながら人間関係について様々に学び、自己を抑制する気持ちをもつようになっていく。幼児期における道徳性の芽生えを培うための指導は、こうした幼児の人間関係の広がりや深まりに沿って考えることが大切であり、幼児がものや人とのかかわりを深める中で起こる様々な出来事をとらえて、指導の充実を図る必要がある。

　次に示す事例は、幼児が、よいことや悪いことがあることに気付いていく過程をとらえている。「よいことや悪いこと」は、必ずしも一律に考えることはできない。同じ行為であっても、状況によって、その行為が許される場合と許されない場合がある。幼児期においては、幼児が状況への理解を深め、自分なりによいことや悪いことの基準をつくっていくことが大切である。

事例6　どういうときにやっていいの？（4歳児　9月）

　夏休み明けの水遊びでは、水への抵抗感がとれたうれしさに自分のできることを繰り返し楽しむ幼児を多く見掛ける。また、幼児は、夏休みに水遊びの中で経験し獲得してきたいろいろな遊びを、教師や友達に知らせたいという思いをもっている。しかし、周囲の友達の水に対する興味や関心を推し量りきれないことや、水の怖さを十分に理解していないために、状況判断がうまくできず、危険な行動になることもある。教師は、夏休み中に、幼児が、様々な水遊びを体験したことで自信をもって行動することを認めながらも、水遊びの約束を守って活動できるよう援

助していくことにした。

　多くの幼児は、浮き輪をしたまま水に浮くことを楽しんでいる。その中でM男は、浮き輪をはずして潜水する遊びを始めた。M男は「先生、見て」と叫びながら何度も潜っている。「わぁ、もぐれるようになったのね」と教師は感嘆の声を掛ける。
　教師の言葉が引き金となり、他の幼児たちも浮き輪をはずして顔を水につけて見せてくれる。次々に教師に認めてもらう幼児たちの姿に刺激され、E夫も勇気を出して浮き輪をはずし、顔をつけるようになったことを教師に見せる。
　すると今度は、M男は、周囲にいた幼児の頭を次々に押さえ付けて水に沈めようとした。プールサイドから見ていた教師が「Mちゃん危ない。やめなさい」と注意する。M男は一瞬やめる。しかし、再度友達の頭を押さえ付けようとする。担任が急いでM男に近づき、「友達の頭を押さえるのは危ないからやめよう」と体を押さえて制止する。
　しかし、けげんな顔をするM男。なぜいけないのか理解できない様子である。M男は「ぼく帰る」と、突然棒立ちになりうつむく。そこで教師は「Eちゃんの顔を見てごらん」と、無理やり沈められたE夫の表情を見させた。E夫は今にも泣きそうであった。
　教師は、「無理やり沈めたら人は死ぬ場合もあるのよ」と真剣に叱った。M男は「分かった」と言うが、まだ納得がいかない様子である。

　降園時、教師は不満顔のM男の様子から、保護者から夏休み中の水遊びの情報を得ることにした。すると「夏休みに家族でじゃんけんで負けると頭を押さえて水に沈める遊びをした」と聞く。水に潜ることができ

るようになったばかりのM男は、その遊びが楽しかったらしい。教師は、M男にとって「楽しかったこと」を再現しただけであったことを初めて理解した。教師は、M男と再度向き合って、「お父さんとお母さんともぐりっこをしたんだってね」と声を掛ける。M男は「うん」とうれしそうにうなずく。

教師は「でもね、幼稚園ではやめてほしいの」と言うと、M男は「どういうときなら、やっていいの？」と尋ねてくる。教師が「いいことに気が付いたね。もぐりっこは、やっていい時と悪い時があるよね。Mちゃんは楽しいよね。Eちゃんはどうだったかしら」と、E夫の表情を思い出させるように話す。すると、M男は「泣きそうだった」と小さい声で答える。教師は「よく気が付いたね。水にもぐるのがまだ怖い人もいるよね。もぐるの大好きな友達を見つけて、友達にやっていいって聞いて、いいよって言ったら大丈夫だと思うけど」と言う。M男は「分かった」と大きくうなずき、納得した表情になった。

M男は、翌日のプールでの水遊びでは、無理やり友達を沈めることはなかった。

○自分の気持ちを受け止めてもらう安心感の中で

幼児は、自分の視点から考えるので、自分の楽しみは他の幼児も共感してもらえると思ってしまうところがある。また、自分の経験から得た判断が優先されるので、適切に危険を予知することはできない場合が多い。したがって、幼稚園生活の中では、この事例に示すような安全にかかわる危険な行為に出会うことがある。その際、その叱る教師の態度から、幼児の危険を察知する力は高められるので、即座にその行為を禁止し、真剣に叱ることが必要である。

しかし、本当の意味でやってはいけないことを理解し、自らがその判断ができるようになるためには、なぜやってはいけないのか、幼児なりに考える場をつくる必要がある。

　この場合、教師は棒立ちとなったM男の姿から、納得していないM男の心を理解し、M男には別な思いがあると感じ取った。そこで、M男の水に潜る楽しさを十分に認めつつ、一方でどのような経過から頭を押さえる行為になったのか、M男の行動の背景を推測している。

　M男は、教師に水に潜る楽しさを体験してきたことや、自分では「悪いことをしようとしたのではない」という気持ちをしっかり受け止めてもらうことにより、教師を信頼し、自ら「どういうときなら、やっていいの？」と聞き返し、自分の行為を振り返っている。こうした場面では、教師は、真剣な態度で「やってよいことや悪いこと」を明確に伝えると同時に、なぜいけないことなのか幼児が自分なりに考えるきっかけをつくり、自分の気持ちを抑制できるようにしていくことが大切である。

○友達の表情の変化に気付かせる働き掛け

　M男は、「自分が楽しいことは友達も同じ」ととらえていたり、「自分ではこうなると思わなかった」と予測できないことに戸惑ったりしながら、相手の思いが自分と異なっていることに気付いていった。初め、M男には、水に潜る楽しみ方は、自分が楽しいものなら、当然友達にも受け入れられるはずという思いがあった。教師の「やめなさい」という言葉だけでは納得していないことは、再び同じ行為を繰り返すことからも分かる。教師がE夫の表情の変化に気付かせる働き掛けをすることにより、M男は相手の思いに気付き、自分の行為を止めた。

　このように、幼児自身が、自分の行為が相手にどのような影響をもたらすのか、友達の表情から推し量ることができるように働き掛けることが大

切である。友達の表情を推し量ることは、他者の存在を意識し、自己を抑制しようとする態度をはぐくみ、他者とのよりよい関係をつくることになり、いじめの芽生えを阻止することにつながる。よいことや悪いことに気付いていくためには、一人一人の幼児理解を深めながら、自分で気付くような働き掛けを繰り返し、指導を積み重ねることが大切である。

○家庭との連携の中で

　幼児が、よいことや悪いことについて、自分なりの考え方をつくっていけるようにするためには、幼稚園生活が、家庭との連続の中で営まれていることを踏まえ、同じことに対し同じように対応するなど、幼稚園と家庭と連携を図る必要がある。

　M男の母親は、友達を水に沈める行為をすると予測しなかったと考える。家庭での遊びが集団生活にどのような影響があるのかを伝え、友達とのかかわりで営まれる生活への理解を深めてもらう働き掛けをし、協力を求めていくことも必要である。してよいことや悪いことや、状況に応じた判断について、保護者と共に考える姿勢をもつことが大切である。

　よいことや悪いことについて許される範囲や価値観は、各家庭によって多少違いはある。したがって、集団生活の中では、幼児が互いに相手の意図が理解できずに、幼児同士だけではうまく解決できないことがあるので、教師はその仲介をしながら、互いの意図を伝えることが必要である。また、価値観の相違から、幼児同士のトラブルが保護者間のトラブルに広がってしまうこともあるので、保護者の理解を得る働き掛けも必要である。

一 友達とのかかわりを深める中で
遊びのルールを守るようになるまでに　4歳児・5歳児

　幼児は、友達と一緒に遊ぶ中で、様々ないざこざや葛藤(かっとう)を重ねながら、次第に遊びのルールを守らなくてはならないことに気付いていく。その際、教師の援助として大切なことは、遊びの中でルールの必要性を幼児なりに理解できるようにし、遊びのルールを守ろうとする気持ちをもたせていくことである。そのためには、幼児自身が友達との一緒の遊びを楽しみ、遊びのルールをつくり、それを守って遊ぶことの面白さを十分に体験することが重要である。

　次に示す3つの事例は、いずれも幼児がルールのある遊びを展開する姿をとらえている。それぞれの発達の時期により、遊びのルールについての幼児の理解は異なるが、教師がその理解に沿って援助を重ねながら、遊びのルールやきまりに関心をもたせ、その大切さに気付かせている。

事例7　大きい組の遊びをやってみたい（4歳児　5月）

＜幼児の姿＞

　園庭で4歳児が、20人ぐらいで玉入れを始めた。5歳児たちが夢中でやっていた玉入れを見ていたので、自分たちもやってみたいと思い、見よう見まねで遊び始めたのである。

　玉入れ台は2つある。紅組と白組に別れて玉入れをした後に、2つの玉入れ台の中の玉を数え始めた。「いーち！にーい！さーん！・・・」と、数え始めたところで、紅組の玉入れ台のネットが絡んでしまって玉が出せなくなってしまった。それを直そうとするがなかなか直らない。

白組は、自分のチームの玉入れ台と玉しか目に入らないらしく、紅組のネットのトラブルには気付かない。「じゅーさん、じゅーし」ここでようやく紅組のネットが直り、紅組も白組と一緒に玉を数え始めた。「じゅーご、じゅーろく」と白は、16個でなくなる。紅組は続いて「じゅーしち」と数え、「紅組が１個多い」ということになってしまった。そして、よく分からないまま紅組の勝ちになってしまったのである。しかし、だれも不思議に思わないし、文句もでない。

そこで、教師は、もう１回やるから好きなチームになろうと声を掛けた。すると、白組にほとんどの幼児が集まった。見た目では紅組より白組の玉の方が多いので、何となく白組が強いと感じたのだろうか。今度は、白組が勝って心からばんざいを言って喜んでいた。しかし、人数が異なることを指摘する姿はまだない。

＜教師の援助＞

幼児は、5歳児へのあこがれの気持ちをもち、ルールのある遊びをまねして楽しんでいる。教師は、こうした素朴な幼児の気持ちを大切にしたいと思い、ルールにあまりこだわらず、幼児の遊びと付き合うことにした。また、幼児たちは玉入れを楽しんでいるが、必ずしも遊びのルールが共通になっているわけではない。確かに、勝敗のつけ方などおかしいと思うが、そのことが幼児間でまだ問題になっていないので、この場面では遊びのルールを共通にするための援助はあえてしなかった。

事例8　いつの間にか誰もいなくなっちゃった（4歳児　10月）

＜幼児の姿＞

幼児たちの間で「へびおに」が人気のある遊びの一つとなっている。

2組に別れ、蛇のように蛇行した線づたいに走り、2人が出会ったところでじゃんけんをして、勝ったら前に進み、相手の陣地に足を踏み入れたら1点という遊びのルールである。こうした遊びのルールを共通理解することができてきたので、最近は、幼児だけで遊びが成立するようになってきた。特に、じゃんけんで勝負することは面白いので、幼児たちは競い合って繰り返し遊んでいる。

　この日も、園庭の一角に7、8人の幼児が集まり、へびおにを始めた。N樹もH夫も初めからその遊びの仲間だった。初めは、ルールに従って遊んでいたが、だんだんに遊びに夢中になってくると、スタートの位置で自分の走る順番を待たない幼児がでてくる。N樹とH夫は、自分のチームが負けそうになってくると、前の幼児のじゃんけんの勝敗を待たずに走り出し、相手が自分たちの陣地に近づくことを阻止しようする。

　当然、相手チームから「NちゃんとHちゃんはずるい！」という抗議を受けることになるが、2人はその時はルール違反をやめるが、しばらくしてまた同じことを繰り返す。教師も遊びの仲間となり、「NちゃんとHちゃんずるいよね」と言いながら、ルールを守るように言ったが、N樹とH夫は聞き入れない。ルール違反をあまりにも何度も繰り返すので、相手チームの幼児たちはつまらなくなってだんだんに遊びをやめてしまい、とうとう誰もいなくなってしまった。2人っきりになってしまったところに、「残念ね。先生、もっとへびおにしたかったのに」と言ってみると、2人はきまり悪そうな表情でその場を去ってしまった。

＜教師の援助＞

　友達と楽しく遊ぶためには、ルールに従って遊ばなくてはならないが、遊びに夢中になったり、勝敗にこだわりすぎたりすると、つい、そのことを忘れてしまうことがある。N樹とH夫は何度も注意を受けつつも、

ルールを守ろうとしなかった。しかし、この場合、教師は、ルールを守らないことに対して、あえて厳しい対応をすることは避けた。ルールを守らなければならないことをただ教え込むのではなく、ルールを守らないと友達と楽しく遊べないことや遊びが継続しないことを体験することが、ルールの大切さに気付くために必要と考えたからである。

　数日後、先生と幼児たちが、友達と一緒にへびおにをしていると、2人がその仲間に入ってきた。教師は、じゃんけんの勝敗を見届けてから、じゃんけんに負けたチームに対して「さあ、スタート！　○○ちゃんがんばって」と、合図を送るようにした。N樹とH夫に対しては、特別に大きな声でスタートの合図を送った。むしろ、こうした声援を受けて走ることが楽しく感じられたのだろうか。ルールを守って走り出し、より早く相手の陣地に行くために全速力で走るようになり、遊びが白熱し、夢中になって楽しく遊ぶことができた。

事例9　もう1回、蹴ってごらん（5歳児　10月）

＜幼児の姿＞
　サッカーが大好きな5歳児のS郎たちは、障害物競走にもサッカーを取り入れた。かけっこの途中にサッカーゴールを置き、ボールをゴールさせたら走り続けるのである。しかし、S郎は、サッカーゴールのネットにきちんと入らなければ、絶対に走り続けていいと言わない。シュートが決まらなければ何度でもやり直しをさせている。ルールにのっとって自分で判断し、行動をすることを楽しんでいるかのようである。
　ところが、そこに3歳児のF美がトコトコと走ってきた。サッカーゴー

ルの前に立ち、ボールを蹴ると別な方向にころころと転がってしまう。S郎は、その様子を見て、さっとボールをサッカーゴールの直前に移して「もう1回、蹴ってごらん」とF美に言った。一緒に遊んでいた幼児たちも、S郎の判断に同意していた様子で、F美の動きを見守っている。F美がうなずき、ボールを蹴ると見事にゴールの中に入った。S郎とF美はにっこりと笑みを交わした。そのやり取りを遠くから見守っていた教師は、S郎に近づき「小さい組さんが喜んでくれてよかったね」と言葉を掛けると、S郎はうれしそうな表情だった。

＜教師の援助＞

　S郎は、大好きなサッカーをゲームに取り入れ、ルールの応用をしている。ルールをしっかり守り、友達にも守らせている。ルールを守って遊ぶ面白さを十分に味わっていると同時に、3歳児に対しては、ボールをサッカーゴールの近くに移すことで、より面白く遊べるに違いないと思い、ルールを変えて遊ぶことも楽しんでいる。その結果、3歳児のF美がそれなりにルールを守って遊ぶ面白さを味わうことができ、S郎は小さい子が喜んでいる姿を見て充実感を味わっている。

　実は、かつて3歳児の担任が3歳児に対してしていたことを見ていた5歳児が、そのかかわり方をこの場面にも取り入れていたようである。3歳児の担任の行動をモデルとしている。

○遊びをまねる姿から遊びのルールに気付いていく過程をとらえる

　事例7では、5歳児が楽しんでいた遊びにあこがれ、それを4歳児なりに自分たちの遊びに取り入れている。幼児は、自分たちの色の台に玉を入れることや、入れた玉の多少を競うなどのルールを理解しているが、そのことが勝敗にこだわることにつながっていない。ここで教師は、幼児なり

の遊び方を大切にして、ルールのある遊びへの興味をもたせている。

　事例8では、遊びのルールを無視していたら、次々と遊びの仲間が抜け出し、とうとう遊びが消滅してしまった。勝ちたいあまりにルールを無視したことが問題となっている。ここで教師は、直接に問題を指摘するのではなく、「残念ね。・・(略)」というさりげない言い方をしたが、それはこの場面では、むしろさりげない言い方の方が、N樹とH夫が自分たちの行動を振り返ることができるようになると考えたからである。幼児がルールに気付くための教師のかかわりは、必ずしも直接に言葉で指摘するだけではない。この事例のように教師がさりげない言い方で一歩退いたかかわり方も有効なこともある。

　事例9では、5歳児が、3歳児のために自分たちでルールを臨機応変につくり直している。この際、仲間がS郎の発案を素直に受け入れている背景には、3歳児の担任をモデルとしていることや、自分たちも小さい組の時に同じようなことをしてもらったという経験の共有があると思われる。S郎のとっさの判断ではあるが、一緒に遊んでいる幼児たちも暗黙の了解をしている。こうした体験の中で、幼児はルールがあることで遊びが楽しくなることや、その必要性がわかって守るようになり、自分たちの遊びや生活を豊かにするためにルールがあることを学んでいく。

〇友達と楽しく遊ぶためにルールがあることを知ることが大切

　幼児が、ルールを守ることやルールに工夫を加えることを積極的にしようとする気持ちをもつ背景には、友達と楽しい遊びを続けたいという思いがある。そのような気持ちとルールとのつながりを経験できるようにするためには、幼児の実態や発達の時期に応じて楽しい遊びを十分に行えるような環境の構成や教師の援助を考える必要がある。

　遊びのルールを守ることで心しておかなければならないことは、ルー

を守ることが目的になってしまわないようにすることであろう。ルールを守ると我慢もしなければならないが、それを通して、結局は、友達と一緒に楽しく遊べる、あるいは、さらに楽しく長く遊びや雰囲気を継続することができるという体験を積み重ねていくことが重要である。そのことが、やがて楽しいとか楽しくないということを越えて、ルールの大切さに気付くことにつながっていく。

友達とのかかわりを深める中で
みんなのものを大切にする　　4歳児

　幼児は、してよいことや悪いことの区別がつかなかったり、分かっていても面白いからついしてしまったりすることも多い。その結果が周囲には「いたずら」、「失敗」、「許されないこと」と映り、その反応から、幼児は自分のしたことのよしあしを判断すると思われる。この場面ではいたずらや失敗をその時に叱っておしまいにするのではなく、幼児が自分のしたことに対して向き合い、どうしたらよいかを考え実行することを経験をする、学びの場として生かすことを考える必要がある。
　次に示す事例は、4歳児数人がみんなで大切にしていたものを汚してしまったという出来事を生かして、教師が、みんなのものを大切にすることについて考える機会としている場面をとらえている。

事例10　小さい組の子が大変なことしているよ（4歳児　9月）

　「先生、先生、小さい組の子がホールで大変なことしているよ」と5歳児の幼児が走ってくる。ホールに行ってみると、壁や修了記念に贈られたピアノカバーにマジックでいくつもの落書きがしてある。驚いた担任は、園長や主任に知らせる。駆けつけた教師たちも一様に驚く。落書きをしたらしいA男、T郎、D太、S介はあまり悪びれた様子もなく、「ここはAちゃんが描いて、ここはぼくが描いたの」と言う。
　主事さんがクレンザーやペイント薄め液を持ってくる。「落ちるかしら」、「どうでしょう」、「とにかくやってみましょう」と、幼稚園中の大人が集まって壁をこすり始める。誰もが無言で力をこめてこすっている

ので、あたりには緊張感が漂う。落書きをした4人は、だんだん事の重大さに気付いてきた。「消しゴムで消せばいいんじゃない？」と笑うT郎に、主任が黙って消しゴムを渡す。受け取った消しゴムでT郎は壁をこする。しかし消えない。初めてT郎の表情がこわばる。

　それから4人も教師たちと一緒にクレンザーをつけたスポンジで壁をこする。しばらくしてやっと壁の落書きは消えた。安心した表情の4人。ところが「どうしましょう、こっちは全然落ちません」とピアノカバーを手にした主事さんが困った声で言う。4人の前で濡らしてみたり洗剤をつけてこすってみたりするが全く消えない。

　S介が「どうするの？また買うの？」と聞く。園長が「このカバーはね、修了の記念にお母さんたちが特別につくってくれたものなのよ。だから買い換えることはできないし、つくり直すこともできないのよ。本当に困ったわねえ」と言う。4人ともすっかりうなだれてしまった。

　園長は「でももう仕方がないわね。これからは大切に使いましょう」と言い、みんなでカバーを元のようにピアノにかける。4人はいくらかほっとした表情になる。

　その後、幼児がピアノカバーを指して「これはたいせつなものなんだよ」と、他の幼児に知らせている場面を、時折見掛けた。

〇自分なりにどうしたらよいかを考えることを大切に
　5歳児がホールにつくっていたおばけ屋敷がある場での出来事だった。初めはなんだか面白そうという気持ちで始めたことかもしれない。しかし、自分にとっては面白いと思うことでも立場や感じ方が違う他者にとってはよくないこと、困ることもあるということを実感していると思われる。

周囲の「どうしよう」「大変だ」という雰囲気が、幼児に「よくないことをした」と実感させることになった。どの大人も真剣な表情で壁をこするという状況が、幼児にも、「自分も消さなければ」という気持ちをもって行動を起こすことになった。消しても落ちない、また園長から買い換えができない理由を知らされることが、「すっかりうなだれる」ことになったようだ。4人にとって「買い換えることができない」という園長の言葉のもつ意味は大きく、軽い気持ちでやってしまったことが、とんでもないことであったことに幼児なりに気付くことにつながっている。
　こうした体験の中で、次第に共同の場、共同のもの、さらには公共のものを大切にしようとする心が育っていくと思われる。
○行きつ戻りつするプロセスを大切にする
　こうした失敗の場面では、叱ることで、幼児にしてはいけないことを理解させたつもりになってしまうことがあるが、叱るだけでは指導として十分ではない。この事例では、教師は、幼児が「うなだれる」ことから「ほっとする」といった、自分の行為を悔やむ体験から幼児なりに「もうやらないようにしよう」と自覚する過程を見届けている。すなわち、園長の「これからは大切にしようね」という言葉で、4人はほっとした表情を見せているが、それは、園長の言葉の中に、「もうしないよね。先生、あなたたちを信じているね」というメッセージが込められていることを感じたからだろう。4人は、そのメッセージを受け止めることで、自分に対する自信を取り戻している。幼児にとって、この失敗は大きな意味をもつようだ。失敗の場面では、叱られることでしてはいけないことだったことを理解するとともに、許されていく過程を通して自分自身を取り戻していく体験が重要である。
　してよいかどうかを判断したり、みんなのものを大切にしたりすること

は、もちろん、１回の体験で身に付いていくものではない。似たようなことを繰り返したり、時には以前のことなど忘れてしまったかと思われるような振舞いをすることもある。教師は「もう分かっているはずなのに」と焦らず、繰り返し幼児の心情に働き掛けていくことが必要である。教師は、何が悪いのかを知らせるとともに、幼児が失敗から立ち直ろうとする心を支える援助を重ねながら、幼児がやがて結果を予想して思いとどまったり、よいと思ったことを進んでやろうとしたりするなど、自分で判断して行動するように指導していくことが大切である。

友達とのかかわりを深める中で
けんかを通して学ぶ　　5歳児

　入園当初、幼児は緊張していたり、周囲の様子にあまり関心を示さなかったりして、けんかが起こることは少ないが、次第に幼稚園の生活に慣れ、周囲の友達への関心が高まり始めると、物の取り合いや場の取り合いなどのけんかが起きるようになる。最近の幼児は入園前に同世代の友達と遊ぶ経験が少なく、幼稚園に入園して初めて他の幼児とのけんかを経験する幼児もおり、自分の感情を素直に出せない幼児もいる。けんかやいざこざは、幼児なりに善悪や社会のきまりなどを知っていく機会の一つである。けんかを通して自分と他者との違いに気付き、自分の気持ちを主張したり調整したりする経験を積み重ねていくのである。教師は、幼児の心の動きを大切にした援助を考えたい。

　次に示す事例は、互いの主張を譲らない5歳児のけんかの場面をとらえている。

事例11　歌わないで（5歳児　12月）

＜幼児の姿＞
　生活発表会を翌週に控え、幼児たちは、張り切ってプログラムをつくったり劇遊びの準備をしたりしている。生活発表会では、学級全員で劇をすることになっている。幼児たちは、自分の役はもちろん、友達の役の台詞も覚え、遊びの中では様々な役を楽しんでいる。合唱隊がでてくる劇で、その役の幼児たちは、家でも「練習」をしているのだという。
　その日は、全員で通してやってみることになり、友達が見守る中、各

場面ごとに役の子どもが前に出て演じ始めた。合唱隊の番になり歌が始まると、合唱隊ではない出番を待つ数人の子どもも一緒に歌い始めた。すると同じく合唱隊ではないＮ子やＩ子は「黙って！」、「合唱隊の人たちだけで歌うの！」と大きな声で言うが、歌うことをやめない。次第に歌を制する声が叫び声のようになり、それに呼応して歌う声も大きくなる。

　ついに、Ｎ子は、一番大きな声で歌っていたＥ太の口を手で押さえ「歌わないで」と怒った。するとＥ太はＮ子の頭をいきなりぶち、Ｎ子は泣く。Ｉ子たち合唱隊の歌を聴きたいと思っていた幼児は、「Ｅちゃんが悪い」と言い合いになり、騒然となって、劇の練習は中断してしまった。

＜教師の援助＞

　教師は、まず、Ｎ子がＥ太の口を手で塞いだこととＥ太がいきなりぶったことはよくないと話し、それぞれがどんな気持ちだったかを聞いた。Ｎ子は「もうすぐお母さんたちに劇を見せるのだから、その役の人がちゃんとしているところを見せたい。合唱隊の友達は練習してきたし、どんなに上手になったか聴きたかった」と言った。Ｅ太は「合唱隊の歌う歌が大好きだから」と言って下を向いた。教師が「Ｅちゃんは、合唱隊の友達の歌も全部歌えるんだ。すごいね。一緒に歌って応援しようと思ったの？」と尋ねるとこっくりとうなずいた。「でもねＮちゃんは、合唱隊の友達のすてきな声を聴きたかったんだって。それも分かってあげてね」と続けた。

　その後、しばらく幼児たちは互いのいけなかったことを指摘し合っていたが、教師が続きをしようと言うとそれぞれの席に戻った。

○自分の思いを主張することの大切さ

　幼稚園は集団で生活する場である以上、ある場面でみんなの気持ちが一致し、集団の一体感をもつことは大切である。しかし、他方で、同じ場においても異なる気持ちをそれぞれがもつことは当然あるということを理解する必要もある。そのためには、まずは、互いの気持ちを出し合うことが大切で、そうすることによって、互いの違いに気付き、どうしたら心地よく一緒に生活できるようになるかを模索するようになる。

　年齢の低い場合は、ものを媒介にしてけんかが起こることが多い。自分が欲しいものを友達も欲しいということが理解できず、双方が主張を譲らない。これは、一方で自分のやりたいことや欲しいものが明確になり、それを主張できるようになっている証である。この事例のように、5歳児になるとけんかの原因や互いの思いは複雑になっている。「自分はこうしたかったのに、友達は違う」と思いのずれがけんかの原因になることが増えてくる。N子は、合唱隊の友達の歌声を聴きたかった。E太は、友達と一緒に歌いたかった。E太は、自分が歌うことによって、合唱隊の声だけを聴きたかったというN子の思いが妨げられていたとは気付いていなかっただろう。まずは、自分の思いを主張し合うことが重要で、それによって、互いの思いや憤りに触れ、自分との違いや共通なことに気付いていくことが大切である。

○行動の背景にある気持ちを教師は受け止める

　けんかの場面では、それぞれに思いがあり、その思いを必死になって主張し合うので、話合いで解決の方向を見出すことは容易ではない。つい、教師は、けんかによって活動が中断してしまうことにならないかと焦ったり、もめたままで終わらせたくないという気持ちが働き、解決の方向を早く示したくなってしまう。そして「ごめんなさい」という言葉を聞くと、

安心してしまうことも多い。しかし、大切なのは、双方が互いの気持ちの有り様に気付き、葛藤を起こしながら、自分の気持ちを幼児なりに繰り返し考え、立て直すプロセスである。

幼児のけんかが何によって起こるのかを考えると、表裏一体のようにそこに育っているものが見えてくる。N子とE太の思いにはずれがあったが、共通しているのは生活発表会を楽しみにしていて、学級全員で取り組んでいる劇遊びに積極的に気持ちを向けていたことである。

教師が、幼児の行動の背景にある互いの主張や思いを受け止め、さらにそれを相手に伝えるといった援助を重ねる中で、幼児自身が、次第に時には我慢したり友達の気持ちを受け入れたりできるようになっていくのである。

○自分の思いの伝え方を経験から学ぶ

教師は、2人が主張した思いを受け止めながらも、手で口を塞いだり、いきなりぶったりする行為はよくない、ということをきちんと伝えている。けんかの状況がエスカレートすると、ぶったり蹴ったりなどの身体的行為が激しくなったり、言葉のやり取りが激しくなり、気持ちが傷つけられるということも起きてくる。教師は、けんかの状況を見定め、危険なことは危険と伝えるとともに、自分の思いを自分の言葉で相手に伝えるという方向へと指導する必要がある。

みんなと生活する中で
集団生活の約束を守る　　　5歳児

　幼児同士のかかわりが深まり、幼稚園生活が充実してくると、集団で一つのものを作ったり、それぞれの役割を分担して一つのことを成し遂げたりすることができるようになり、幼児の仲間意識は、さらに深まっていく。幼児は、こうした集団での活動の中で、みんなで協力し合うことの楽しさや責任感、達成感を感じ、友達にも分かるようにきちんと自分の思いを主張したり、時には自分のやりたいことを我慢したり、譲ったりすることを学んでいく。さらに、集団での活動を通して、自分たちのもの、自分たちの作品、自分たちの仲間、そして、自分たちの学級という意識が生まれ、集団の一員として自覚をもつようになっていく。

　次に示す事例は、学級の一員としての自覚をもつ5歳児の学級において、みんなで気持ちよく生活するためには、自分勝手な行動は問題であることを幼児たちに知らせる場面をとらえたものである。いつになく教師は、厳しく話しているが、それは学級の一員としての意識や責任を幼児たちに知らせたいと願っているからである。

事例12　みんなで一緒に生活しているんだから（5歳児　11月）

　降園時、それぞれ遊んだものや遊具を片付け、椅子を持って順に教師の周りに集まってくる。毎日、降園時に教師に読んでもらう絵本を楽しみにして、早くから椅子を並べて待っている幼児もいる。ところが、ベランダいっぱいに大型積み木を出して遊んでいた幼児たちは、なかなか片付けが終わらず時間がかかっている。教師は、幼稚園生活の流れを理

解している幼児たちなので、片付けて自分から集まってくることを期待して、しばらくは様子を見ていた。しかし、一応積み木を片付けたものの、今度は飼育箱を覗き込んだりして、なかなか集まってこない。教師は、ピアノを弾き始め、集まってきた幼児たちだけで歌を歌い始めた。

遊んでいた幼児たちがあわてて椅子を持ってくる。後から来たA子とT男は、前の席に座りたいらしく、無理やり椅子を前に移動しようとして、T男がA子の足に椅子をぶつけてしまった。A子が大声で泣き始めた。その泣き声の大きさにT男も周りの幼児たちも驚く。

このままではT男だけが悪者になってしまいそうなので、教師は、A子とT男を引き寄せ、「みんなで一緒に生活しているんだから、我慢するところは我慢しなくちゃだめ」と、強い調子で2人を叱った。いつもの穏やかな先生が、急に厳しい顔をしているので、2人は、何となく自分たちの行動が、周囲に迷惑をかけるようなことになっていることに気付いた。A子は泣きやみ、T男は小さな声で「ごめんなさい」と素直に言う。

さらに、教師は、みんなで生活していることを他の幼児にもしっかり伝えたいと思い、「先生は、みんながもう少し早く集まってくれれば、楽しく歌も歌えるし、絵本も読めると思うんだけど。みんなはどう思う？みんなが気持ちよく過ごすためにはどうしたらいいか考えて生活してほしい」と、学級全体の幼児に対して話し掛けた。

幼児たちも、事の重大さを感じたらしい。先ほどまでのざわめきがなくなり、神妙な表情で、教師の話を聞いている。

○みんなで気持ちよく生活することの大切さを知らせるために

　入園から修了までの幼稚園生活の中では、一度理解した集団生活の約束

も遊びに夢中になってつい忘れてしまったり、わかっていながらその約束を破ってしまったりすることがある。幼児が集団の一員としての意識をもち、みんなと一緒に楽しく生活することができるようになっていく過程では、こうした場面で教師がどうかかわるかは重要である。

　この事例では、教師は、幼児一人一人がみんなで生活していることを自覚し、気持ちよく生活するためには、自分たちの責任で行動しなければならないことを伝えている。教師が多少厳しく話しているかもしれないが、それは、幼児たちが守るべきことを分かっているので、守るべきことはみんなが守らなくてはいけないということをしっかり伝えるためである。何を厳しく話し、何が許されるのかがあらかじめ決められているわけではない。日常の幼児との生活の中で、教師は当たり前のことを当たり前に注意していくことが、幼児がよりよい自分たちの生活を築いていく上で大切なのである。

○**幼児は信頼関係で結ばれた温かな集団の中で育つ**

　もちろん、このように厳しく指導し、また、それが教育的な効果をもつ前提としては、長い期間をかけて教師が幼児との信頼関係を築いてきたことを忘れてはならない。集団の一員としての自覚は、集団行動についての画一的な指導や単に叱ることでは生まれてこない。それは、集団の人数が何人であろうと、その一人一人がかけがえのない人間として生きようとしている存在であるととらえることから生まれる。すなわち、幼児一人一人が、かけがえのない存在であることを基盤として集団を育てることが重要であり、集団の一員としての自覚は、信頼関係で結ばれた温かな集団の中で育つという、教師の姿勢から生まれるものである。

―― みんなと生活する中で ――
　　　　障害のある幼児とともに　　　４歳児・５歳児

　幼稚園における障害のある幼児とのかかわりを通して、仲間としての気持ちが通じ合う体験は、幼児の障害者に対する正しい理解や認識を深めるとともに、社会性や豊かな人間性を身に付けていくことにつながっていく。幼児は、共に生活する中で、ありのままの姿を受け入れ、自分と相手の違いを知り、相手を尊重して行動するようになっていく。こうした過程には、障害児とかかわる教師の存在があり、幼児は教師の姿を通して、相手の気持ちを感じたり考えたりするようになり、思いやりの気持ちをもつようになる。
　次に示す事例は、幼稚園に在籍する肢体不自由児Ｔ朗（脳性まひ）と他の幼児とのかかわりをとらえている。事例13には、教師の援助によって、障害のある友達の分かりづらい言葉を理解しようとする幼児の姿がある。事例14には、どうしたら一緒にリレーができるか考え、互いの接点を見つけていこうとする幼児の姿がある。

事例13　Ｔちゃんが何か言ってるよ（４歳児　２月）

＜幼児の姿＞
　保育室の畳のコーナーで、数人の幼児が音楽をかけて踊っている。Ｔ朗はカセットのそばに近寄ってスイッチを押し、流れている音楽を止める。踊りを中断された幼児たちは、「Ｔちゃんやめてよ。今使ってるんだから」と言い、再び音楽をかけて踊りだす。Ｔ朗は「うーうー」と声をあげて、また音楽を止める。Ｋ子が「邪魔しないで。白雪姫のパーティーなの」と言うと、Ｔ朗はさらに声をあげて踊りの輪の中に進み出る。踊

りを見ていた教師は「Tちゃんが何か言ってるよ。Tちゃんの言葉を聞こう」と言ってT朗のそばに行き耳を傾ける。踊っていた幼児たちも一緒になって「何？」とT朗の言葉を聞こうとする。「踊りたいのかなあ？」とN雄が言うと、T朗はがばっと大きな口を開けて笑う。「じゃ、Tちゃんは王子様ってことね」とK子が言うとT朗は声をあげ、一緒になって踊る。

＜教師の援助＞

　T朗は、独自の表情やしぐさ、あるいは言葉で積極的に自分の意思を表し、遊びの仲間に入ろうとしている。この日も踊りの仲間に入りたくて、友達の側に寄ったり言葉を発したりしていたが、遊んでいた幼児たちには伝わらず、テープを止めてしまうことで入りたい気持ちを表したと思われる。教師は、T朗にはT朗独自の意思表示があること、それを理解し、聞こうとする関係が育ってほしいと願っているので、「Tちゃんの言葉を聞こう」と仲介した。

事例14　どうすれば一緒にできるかなあ（5歳児　10月）

＜幼児の姿＞

　運動会が近づき、幼児たちの大好きなリレーを学級全体ですることが多くなった。T朗は歩行器に乗って走っている。これまでは、どの幼児も自分が走ることを楽しんでいたが、最近では、チームの勝敗が気になり始め、「Tちゃんは応援する人になる？」という意見も出てきた。T朗は走りたい意欲を全身で表し、歩行器に乗って一人でコーナーを回る練習を一日中するようになった。この姿を見て、教師も幼児も、どうすればT朗と一緒にリレーができるか考えるようになった。教師は、T朗

が保育室で使っている車いすに相手チームの幼児が乗ってこぎながら走ることを思いつき提案してみた。幼児たちはかわるがわる車いすに乗ってみた。「難しい」「だからTちゃんいつも練習してるんだ」「やっぱりちょっと押さなくちゃ動かないよ」など言い合っている。T朗ががんばったり困ったりしていることに初めて気付いたようである。

　その後、生活の中でも「ここ通れないんだよね」などの気付きも多くなり、手を貸したりT朗に思いを寄せたりしていた。

＜教師の援助＞

　これまで、T朗も他の幼児も、一緒にできないことがある場合も経験して受け止め、できることを楽しむ場面も経験していた。走る楽しさを知ることは、互いの違いを知ることでもあった。この時のリレーでは、T朗が友達と一緒に走りたいという強い願いをもち、懸命に走る姿を見て、どうしたら互いに納得してリレーができるか、教師も幼児も考え、一緒に楽しむ方法を模索していき、幼児たちの解決にかなり任せる展開になった。活動の流れの中で、共に感じ、考えて一緒に生活しようとする関係が育ってきているように思われる。

○ありのままを受け止め対等に接する

　幼児たちは、障害のある幼児と接して、初めは「どうしてしゃべれないの？」と不思議に思ったことを聞いたり、驚いたりしていた。教師は、ありのままのT朗の姿を受け止め、他の幼児と同じように体を寄せたり話し掛けたりしながら、T朗のできないことや必要としていることに手を貸すようにしていった。一緒に遊んだり生活したりする中で、やがて幼児は、T朗のありのままを受け止めるようになり、他の幼児に対する接し方と同じように、親しみをもって自然にかかわるようになってきた。

事例13で、踊っている幼児たちが音楽を止めるＴ朗に抗議する姿は、自然に接していると思われる。一人一人の幼児に温かい関心を寄せ、その幼児が必要としていることに手を貸し、当然のこととして接している教師の姿を見て、幼児は安心し、障害のある幼児への接し方を自然に身に付けていくものと思われる。

○違いを知り、助け合う関係を育てる

　教師は、障害の種類や程度についての理解を深め、様々な行動や表現の仕方があることを幼児に知らせ、相手を尊重して接する態度を身をもって示していくことが大切である。

　事例13では、教師は、Ｔ朗が、Ｔ朗自身の言葉を話そうとしていることを幼児たちに気付いてほしいと願い、Ｔ朗の表情や体の動きからも気持ちを考えるきっかけをつくった。

　事例14では、幼児たちが、互いに葛藤しながら、どうしたら一緒にリレーができるか模索する中で、車いすに乗ることによってのＴ朗の気持ちや行動に気付くようになっている。行動を通して、幼児は、自分と相手との違いや、自分が、相手のことを思いやりながらできることを知っていく。機会をとらえて幼児に考えさせたり、行動を通して気付かせたりする指導を重ねることにより、違いを知り、助け合う関係を育てていくことが大切である。

様々な人々との交流の中で
高齢者との交流の中で優しさに触れる　5歳児

　幼稚園生活が充実するにつれて、幼児は、様々な人々と出会い、交流するようになる。幼児は、様々な人々との交流の中で、同年代の幼児との交流の中では体験できない、新たな感情体験を重ねながら成長していく。しかし、こうした人々との交流は、初めからうまくできるわけではない。むしろ、幼児の場合、初めての人々と交流する際には、興味や期待をもつ一方で、不安や戸惑いを感じることも多い。とりわけ高齢者との交流では、近年の核家族化の中で、幼児が家庭や地域で高齢者と接することが少なくなっているので、どのような言葉を掛けたらよいのか、どのように接したらよいのか分からず、幼児なりに不安に思うことも少なくないようである。
　次に示す事例は、幼児が、地域の敬老会との交流をした場面をとらえている。

事例15　何をすれば優しいのか分からない（5歳児　10月）

　　学級全体で、敬老会と交流する時のだしものをそれぞれに考え、活動している。その中でC子とF美は、保育室の隅で、困った表情でぼそぼそと話している。
　　そこで、教師は、2人の側に近づいていく。
　　C子「ねえ、何にする」と、F美に話し掛ける。
　　F美「何にしていいか分からない」
　　教師「何をしたら喜んでもらえるか困っているの？」と尋ねると、
　　C子「うん、だって私のおじいちゃんもおばあちゃんもいないもの」

と答える。
F美「何をすれば優しいのか分からない」
教師「そう、どうしていいか分からなくて困っているのね」と受け止める。

そこで、初めて出会った中学生との交流会を思い出させて、緊張を感じたり、戸惑ったりしながらも、楽しい出会いを経験したことをイメージさせた。

教師「Cちゃん、中学校のお兄さんや、お姉さんが一緒に遊んでくれた時、優しかったかな？」と、問い掛ける。
C子「優しかったよ」とすぐに答える。
教師「じゃあ、どんなことが優しいと思ったり、うれしいと思ったのかな？」と、問い掛ける。2人はしばらく考えている。
F美「私ね、手をつないで遊んだのがうれしかったよ」
C子「そうだ私も。優しく握手してくれたの。うれしかった」
教師「じゃあ、2人で手をつないでみるとどんな気持ちがするかな」
C子「あったかいね」
F美「うん。元気がでるね」と、うれしそうに手をつないでいる。
教師「いいこと、気が付いたね。手をつなぐと元気がでるんだね」と、幼児の言葉をそのまま返した。すると、F美が大きな声で、
F美「分かった。おじいちゃんやおばあちゃんと握手してこよう」と言う。
C子「うん、なかよしの握手しよう」と、うれしそうに2人で走って他の友達の輪の中に入り、プレゼントづくりに参加した。

交流会の当日は、敬老会に行き、踊りを見せたり、一緒に歌を歌っ

り、手品をしたりした。何をしようかと迷っていたC子やF美も本当に楽しそうに元気に踊っていた。そして、プレゼントを渡す時に、高齢者の人と必ず握手してから渡していた。後で、2人に感想を聞いてみると、
　C子「あのね、『かわいいね』って。とっても優しく言ってくれたの」
　F美「あのね、『元気だね』って、私も『元気だよ』って言ったの」
と、2人ともうれしそうであった。

　その後、初めての試みであったが、幼稚園で収穫した大根を、特別養護老人ホームに届ける役を15名ほど募集した。すると、C子とF美が、迷うことなく自信に満ちた顔で真っ先に手を挙げている。実際に特別養護老人ホームを訪問した時は、大根をどう育てたかを説明したり、握手したりと、車いすに乗っている方にも積極的に話し掛けていた。

○優しさを受ける体験をもとにして

　幼児にとって、初めての体験は見通しがもちにくく、戸惑いや不安感があるのは当然である。C子もF美も「何をすれば優しいの」と不安な表情で尋ねながらも、幼児なりに「優しくしたい」という気持ちをもっている。中学生との交流で、自分自身が優しさを受けた体験をもとに、自分のできることを見つけた。それは、「握手をする」というささやかなことであるが、幼児にとっては勇気を必要とする行為である。そして、その行為によって思わず高齢者と心を通わすことができたことが、C子とF美のうれしさの表情につながっている。「あのね、『かわいいね』って。とっても優しく言ってくれたの」というC子の言葉からは、不安に思う気持ちから脱した安堵の気持ちがうかがえる。

　とかく、高齢者との交流においては、一様に同じような取組を期待しが

ちであるが、その幼児なりの受け止めや取組を大切にして、一人一人が主体的に参加できるように交流の仕方を工夫することが大切である。

○共に過ごす時間を大切に

　幼児は、少しずつ世の中には様々な人がいることに気付いたり、その人々とのかかわりを通して社会事象に興味や関心をもつようになる。「どうやって」「なぜ」という幼児の素朴な疑問に丁寧に応じ、幼児が様々な人々と主体的にかかわり、人間関係を広げていくことを援助していくことが大切である。こうした働き掛けの結果、C子やF美のように、どのような活動になるのか見通しがもてず不安を抱いていた幼児が、教師や友達と一緒に活動し、その不安を乗り越えることから生まれる自信から、次の活動に積極的に取り組むことになっているのだろう。F美の「あのね、『元気だね』って、私も『元気だよ』って言ったの」という言葉から、高齢者からの言葉掛けに答えることで、心を通わすことができ、ほっとしている様子やうれしい気持ちを読みとることができる。

　こうした交流では、何かをしてあげようと働き掛けるのではなく、「自分も楽しい、相手も楽しそうであった」というように、相手の気持ちに触れながら共に楽しい時間を過ごすことを実感できるように配慮することが大切である。「共に過ごす時間」を繰り返し体験することで、次第に、相手の気持ちに気付いたり状況に応じた振舞いができるようになり、思いやりの芽生えにもつながっていくと考えられる。

○様々な人々と交流することの意味

　幼児は、高齢者との交流の中で、同年代とのかかわりにはないようなゆったりとした話し方や動き方に触れ、さらに心通わせる体験を通して、人とのかかわりを広げるとともに、地域社会の様子などに触れ、自分の生きる世界を知っていく。幼児にとって、高齢者福祉施設を訪問するなど高齢者

との交流を深める体験は、不安や期待が入り交じり、緊張を伴うかもしれないが、新たな人間関係を学ぶ大切な体験であることを踏まえ、心温まる交流となるように援助する必要がある。

　また、現在の核家族では、年の差のある兄弟姉妹は少なく、中学生や高校生との触れ合いは、普段はなかなか難しい。幼稚園において中学生や高校生の保育体験などで交流する機会があるなら、それは貴重な体験になり、自分も大きくなって「あのようなお兄ちゃん、お姉ちゃんになりたい」という、目標ができるかもしれない。また中学生、高校生にとっても、子どもの発達を間近に体験し「かつて自分もそうだった」という感覚を思い出し、思いやり、慈しむ感情がでてくることもある。こうした交流が、幼児にとっても、中学生、高校生にとっても、人とのかかわり方を学ぶ機会となるように交流の仕方を工夫する必要がある。

第3章

小さな生命との出会いの中で
小さな生命に愛着をもつ　　4歳児

　幼稚園には、いろいろな植物や小動物などの様々な自然環境が準備されている。幼稚園生活の中で、幼児は、これらの生き物と様々な出会い方をする。幼児が生き物とかかわるとき、初めは自分なりのかかわり方をするので、それが必ずしもその生き物にとって適切とはいえないこともある。水やえさを与え過ぎる、乱暴に扱うなどして、枯らせてしまったり、死なせてしまったりするなど、悲しい結果になることも少なくない。そして、幼児は、こうした経験を友達や教師と共に乗り越えることで、よりよいかかわり方を考えたり、より多くの愛情をもったりするようになっていく。初めから適切なかかわりを教えていくことも大切だが、失敗を通してどうしたらよいかを考えたり、愛情をもつようになったりする過程も大切にしたい。
　次に示す事例は、小さな生命に触れる4歳児の姿と教師のかかわりをとらえている。

事例16　花壇に入っちゃいけないんだよ（4歳児　5月）

　　入園して1ヶ月、意気投合したT子とD太は、上靴だろうが裸足だろうがかまわず、園庭や室内を走り回る。室内で泥水遊びを始めたり、花を飾る籠で水槽の中のメダカをすくいとったりと話題には事欠かないが、その都度注意をしたりして、教師がかかわってきた。教師はこの2人の姿を見ながら、新しい環境の中で周囲のいろいろなものに興味をもち、自分なりのやり方でかかわりをもち始めているのだろうと受け止めた。

6月の初め、保育室の前の花壇にニンジンの種まきをした。注意書きには「発芽しにくい」とあったので、水やりをしながら、芽が出ることを心待ちにしていた。何日か過ぎ、小さなニンジンの芽が点々と出てきた。

　ある日、「あっ、TちゃんとDちゃんが花壇に入っちゃった」という声が聞こえた。花壇の前に行ってみると、足跡がいくつかついている。そして、やっと出た芽が踏まれていくつも倒れている。昼食の前の片付けをしていたので、片付けが終わったあと、花壇の前に学級のみんなで集まることにした。芽が出たことをまだ知らない子には、そのことを知らせたかったし、何より、T子やD太には、自分たちがしたことがどのようなことだったのかに気付く機会になると思ったからだ。

　教師が「この前まいたニンジンの種が、やっと芽を出してねえ…。あれ？ここのところ芽が倒れてる、あ、足跡だ、踏まれちゃったのかな」と言うと、みんなが「えーっ？」と花壇を覗き込み「さっきTちゃんとDちゃんがねえ…」「花壇に入っちゃいけないんだよ」などと大騒ぎになる。

　T子とD太の方をちらりと見ると、肩を寄せ合ってしゃがみ、神妙な面持ちをしている。そして、きまり悪そうにどちらからともなく手を握り合っている。教師は「そうだね、やっと芽が出たからね、花壇に入らないようにするというのはいい考えだね」とT子とD太には直接何も言わず、みんなに向かって言う。

　「そうだよそうだよ」「だってかわいそうじゃない」などの声が飛び交う。

　教師が「そろそろお昼にしようか」と倒れた芽を起こしながら声を掛けると、みんなはぞろぞろと部屋に戻っていく。ふと見ると、T子とD

太は、まだ花壇の前にしゃがんでいる。そして、まだ倒れたままになっている芽をじっと見ている。
　D太が、すっと手をのばし倒れた芽を起こそうとする。
　教師は、2人の隣にしゃがみ、「入ったの？」とそっと聞く。こっくりとうなずくD太。「ごめんなさい」と神妙なT子。教師は「分かった、分かった。ほらこれで倒れた芽は全部起き上がったね。早く大きくなるといいね」と声を掛ける。そして教師と一緒に3人で、まだ倒れたままになっている芽がないか確かめてから部屋に入る。

　その後、水やりをしたり、何度も花壇を覗き込んだりしてニンジンの成長を楽しみにする2人の姿が見られるようになった。
　2学期になり、いよいよニンジンを収穫することになる。T子は、ニンジンの成長を見て「いっぱい踏んづけちゃったけど、いっぱいとるぞ」と張り切っている。そして、土の中から掘り出したニンジンを手に、T子もD太も歓声を上げる。収穫したニンジンは、グラッセにしてみんなで食べた。

○今まで気にも止めなかった命に気付く

　教師は、2人に直接「だめじゃない」と言わず、教師の「あれ？倒れてる」という投げ掛け、さらに「あ、大変」という周囲の幼児とやり取りをすることで、幼児が自分のしたことを客観的に振り返れるような状況をつくっている。特に、この中で、「だってかわいそうじゃない」「早く大きくなるといいね」という言葉は、重要な意味をもつ。幼児は、このような命にかかわる言葉に接することで、今まで気にも止めなかった命を意識するようになった。

何気ない幼稚園生活の日常の一場面であるが、教師が、幼児がはっとするような状況を意図してつくったことで、幼児の心が揺さぶられた。そこから、幼児がどうしたらよいかを考え、自分から倒れた芽を起こすという行為が生まれてきている。
○親しみや愛着をもてるようにする
　水やりをしたり、花壇を覗き込んだりする姿から、この2人がニンジンに対して愛着をもつようになったことがうかがえる。「ぼくが踏んづけたニンジン」という特別な思いをもったことが、愛着をもつきっかけになった。命あるものを大切にしたり世話をしたりすることを単に教えるだけではなく、幼児自身が失敗や間違いを乗り越えながら、親しみや愛着をもち、命あるものを尊重しようとする援助をしていきたい。

小さな生命との出会いの中で
生命の大切さに気付く　　5歳児

　幼児は、様々な生き物とのかかわりを通して、その性質や特徴などに気が付いていく。そして思いもよらない反応に驚いたり、予想した通りの結果に喜んだりしながら、命あるものの不思議さや大切さを感じ取っていく。しかし、生き物とかかわる中で、食物連鎖や栽培物を十分に生育させるために数を減らすなど幼児期に理解することが難しいと思われる問題に直面したとき、教師は、その場でどうするかすぐに判断がつかず、迷ったり戸惑ったりすることもある。
　次に示す事例は、幼児と共に心を揺らしながら生き物とかかわっていくことの難しさや大切さを考えさせられた場面である。

事例17　カメはうれしいけれどミミズはいやだよきっと（5歳児　6月）

　　保育室で飼っているカメに食べさせようとして、Y介がミミズを探し始めた。カメがミミズをよく食べるということを小学生の兄に聞いたらしい。普段あまり見せたことがないような生き生きとした表情でミミズを探すY介を見て、教師は様子を見守ることにした。
　　園舎の裏手でやっと見つけたミミズを手に、Y介が意気揚々と戻ってくる。D太、T郎が近づいてくると、Y介は「これはね、カメのごちそうなんだよ」と得意そうに話す。「カメが食べるの？」と興味をもち、みんなでカメの入ったたらいを取り囲む。Y介がミミズをそっとたらいの中に入れる。みんなかたずを飲んでいる。しかし、カメはじっとしたまま動かない。「見られていると恥ずかしいのかもしれない」とY介が言

うと、みんな少しずつ後ろに下がる。それでもカメはじっとしたままだ。「隠れながら見たほうがいいんじゃない？」とＤ太が提案すると、今度は水のみ場の陰に隠れて顔だけ出してカメの様子を見ようとする。

　その様子を見て更に数人の幼児がやってくる。Ｙ介は「しー。今、カメがごちそう食べるからね」と小声で言う。言われた幼児たちも、一緒にカメの様子を見始める。みんな一言も発せず、じっとカメの様子に見入っている。そのとき、一番後からきたＵ子が「あれ？ミミズが食べられちゃうの？」とつぶやく。そのつぶやきを聞いて、教師ははっとなる。Ｙ介たちは、それには気付かず、カメの動きを追っている。そのとき、突然カメが首を伸ばしミミズに食いついた。見る見るカメはミミズを飲み込んでいく。その迫力にみんなあっけに取られた。「すごい、食べた」Ｙ介は、興奮気味に隣りのＤ太やＴ郎の顔を覗き込む。他の幼児も互いに顔を見合わせながら「本当に食べちゃった」「カメの首こんなに伸びた」「ひと飲みにしちゃった」と自分が見たことの驚きを伝え合っている。Ｙ介は、うれしそうに「先生見た？やっぱり本当だった。お兄ちゃんの言ったとおりだった」と息を弾ませている。教師は「見たよ、そうだね、食べたね」とだけ答える。

　教師は、少し離れたところにいるＵ子に近づく。Ｕ子と目が合った時「食べられちゃったね」というのが精一杯だった。するとＵ子は「カメ、よっぽどお腹がすいてたんだね」と言う。

　その後、保育室に集まり、学級のみんなとこのことを話題にした。「今日、Ｙちゃんがミミズを探してねえ…」すると、Ｙ介は立ち上がり「あのね、カメがね…」と、事の始終を話し始める。日頃みんなに向かって発言することの少ないＹ介が、実に生き生きしている。他の幼児もじっとＹ介の話に聞き入っている。Ｙ介が話し終わると「すごい、また見て

みたい」「ぼくもミミズ探してくる」と口々に話し始める。
　教師は「そう、すごかったよね。カメも喜んだと思うよ。でもね、先生も気が付かなかったけど、違うことを考えた人もいたみたい。ね、Uちゃん」みんな一斉にU子の方を見る。するとU子が「ミミズはさあ、食べられちゃったでしょ」と言う。この言葉にY介やD太、T郎は「おや？」という表情になる。「でもさあ、カメはミミズが好きなんだし…」とY介。するとT郎が「カメはミミズが大好物なんでしょ。でも、ミミズは食べられたくないと思うよ」「ミミズを食べるとカメはうれしいけど、ミミズはいやだよきっと」とU子。「でも、カメだってお腹がすいて死んじゃったらどうするの？」とY介。T郎が「なんだか、ぼく分からなくなっちゃった」と言う。「そうか、Tちゃん分からなくなっちゃったのか、実は先生も分からなくなっちゃったの。カメのこととミミズのこと、両方のこと考えるの難しいねえ」Y介が「うん、すごく難しい」と言うと「私も分からなくなってきた」とU子も言い、互いに顔を見合わせている。

○命と命がかかわる場面に遭遇する

　この事例では、カメがミミズを食べるところを見たいというY介の好奇心と、U子のミミズの立場に立った見方との間で、教師自身もY介が生き生きするところを大切にしたいが、U子の気持ちもそのままにはできないという迷いをもちながら対応した。結局、後から考えて、教師は、カメの食べるものを他にも調べるなど、いろいろな展開の仕方があったことを反省したが、この場では、「違うことを考えた人もいたみたい」とU子の考え方をY介・D太・T郎に紹介することにとどまっている。この時の展開に沿った対応としては、これ以外にはなかったというのが正直な思いであったようでもある。

この事例では、少なくとも「ミミズが食べられてしまう」という現実に接し、幼児の心は大きく揺さぶられたことは確かである。
　「しー。今、カメがごちそう食べるからね」「あれ？ミミズが食べられちゃうの？」「ひと飲みにしちゃった」という、幼児の言葉からは、命と命がぶつかり合う場面に遭遇し、生きるものの凄さを実感している様子がうかがえる。幼児はこうした体験の中で、生きる世界の迫力を実感するとともに、命、生や死を身近に感じている。
　「生命の尊さを知る」ということについて、幼児は単に言葉で教えられて理解するものではない。教師にとっても指導の進め方に微妙な難しさを伴う事柄ではあるが、こうした体験を重ねることを通して、幼児は、おそらく、生命の不思議さや怖さ、美しさなどに気付いていくだろう。幼児期におけるこのような自然体験は、児童期以降において、やがて「生命の大切さ」という言葉のもつ意味の深さを心にしみてわかる基盤をつくるという面を大切に考えていく必要がある。

○自分とは異なった価値観に出会い心を揺らせる

　Y介やU子にとって、また、教師にとってさえも、自分と違ったものの見方や感じ方に出会い、どうしたらよいか迫られる体験をした。結論は出なかったが、こうした心の揺れを重ねながら、命あるものの尊さや不思議さを実感していくと思われる。
　この事例に示すように、幼児の好奇心と生命の大切さとのはざまでは、教師自身もとっさに解決の糸口が見出せないこともある。その場合、教師が感じている思いを素直に表しながら、幼児と共に考えていく姿勢を示すことが大切である。早急に答えを出すよりは、むしろ、命と命がかかわる場面に教師や他の幼児と共に立ち会うことに意味があり、そのことは、幼児期の自然体験として重要なことなのである。

第 3 章

2　幼稚園生活の充実と教師の役割

―― 実践1 ――――――――――――――――――――
　　　幼児の成長を温かく見守る　　　4歳児

　入園当初、ほとんどの幼児が、初めての集団生活に戸惑いを感じ、自分の思うようにならないことが起こると、泣いて教師に助けを求めたり、急に動かなくなってしまったりと、様々な姿を見せる。時には、その行為が勝手気ままであるように見えることもあるが、それは幼児なりに困ったことを何とか解決しようとしている気持ちの表れでもあり、幼児にとって切実な問題であることは確かである。この時期の教師の援助として大切なことは、幼児の戸惑いを理解し、安心して生活できるように援助を重ねるとともに、繰り返し、幼稚園での生活の仕方を知らせていくことである。
　実践1では、勝手気ままに行動するT男が、徐々に友達の存在に気付いていく過程をとらえながら、幼児の成長を見守る教師のかかわりを考えてみる。

4月　クレーン車を独り占めするT男とのかかわりに悩む

　　T男は、入園当初から好奇心をもってよく動き遊んでいるが、思い通りにならなかったり、何か困ったりすると、大きな声で泣きわめくことがしばしばある。その都度、T男の訴えを聴くように心掛けているつもりではあるが、よく理解できないことも多い。
　　特に、T男は、入園当初から、またがって乗れるクレーン車の形をし

た乗り物に興味をもち、登園して通園かばんを下ろすと、すぐに園庭に向かって走り、一人そのクレーン車に乗って遊んでいる。他の幼児が「クレーン車、貸して」と言っても、全く譲ろうとしない。片付けの時には「ドアの近くにクレーン車を置いといて」と、自分の見える場所に置くことを要求したりする。

いつも「ぼくのクレーン車」と言いながら遊んでいたが、ある日、T男が登園してみるとK太が先に乗っていたので、T男の表情が一瞬にしてくもった。T男はクレーン車に近づき、「ぼくが乗る」と泣きながらK太の前に立ちふさがった。クレーン車に乗っていたK太は、あまりにも大きなT男の泣き声に驚き、あわててクレーン車から降りてしまった。T男は、すぐに機嫌が直りうれしそうな表情でクレーン車に乗り始めた。

教師は、替わってあげたK太に「Kちゃん、かわってあげてもいいの？やさしいんだね」と声を掛けたが、K太は、黙ってその場を離れてしまった。T男には「Tちゃん、Kちゃんがかわってくれてよかったね」と言ってみたが、T男には、その言葉が聞こえたのかどうか分からない。うれしそうな表情でクレーン車に乗って行ってしまった。

教師は、黙ってその場を去るK太とクレーン車に乗ってうれしそうな表情のT男が、あまりにも対照的なので、この場の解決がこのままでいいのだろうかと思ったが、この時は、結局どうにもならずに終わってしまった。改めてT男に対する教師のかかわりを反省し、これからの指導の在り方を考え直した場面である。

教師は、K太から無理にクレーン車をとってしまったT男に対し、K太の気持ちを知らせたいと思い、「Tちゃん、Kちゃんがかわってくれてよかったね」と言ってみたが、その言葉にT男は全く気付かなかったことが気にな

る。今、幼稚園の中でＴ男の目に映っているものは、クレーン車だけなのかもしれない。Ｔ男に対する働き掛けとして必要なことは、Ｔ男のクレーン車への思いを受け止めつつ、一方で、幼稚園にはいろいろな遊具があり、先生や友達がいて、みんなで生活していることをいかに伝えるかではないだろうか。

こうした意味では、Ｔ男のクレーン車を独り占めする問題は、Ｔ男とそれを取り巻く周りの幼児たちの問題ではなく、むしろ、Ｔ男と教師との関係の問題であると言えるかもしれない。教師と心を通わせ、安定した気持ちになり、Ｔ男自らが教師の言葉に耳を傾けることができる関係をつくり、それを基盤にして、周りの幼児の存在や、幼稚園にある様々なものや遊びに気付かせていくことが必要である。教師との信頼関係を結ぶとともに、ものや人など周囲の様々な環境との接点をつくることがこの時期の教師の援助として求められる。

10月　Ｔ男をかばってみたけれども…

　　最近、Ｔ男なりにではあるが、周りの幼児の様子や状況に気付き、関心のある内容であれば、相手の話に応じる姿が見られるようになってきた。

　　ある日の片付けの場面の出来事である。Ｔ男は、周りの幼児が片付けを始めたことに気付いている様子であるが、それを無視して自転車を乗り続けていた。Ｉ子たち４、５人の幼児が「Ｔちゃん、もう片付けだから自転車は、だめ」と、自転車の荷台を引っ張る。しかし、Ｔ男は「引っ張らないで」と無理に前に進もうとするので、Ｉ子たちは自転車のハンドルを押さえ、声を張り上げてもう一度「片付けだよ」と伝える。Ｔ男が「やめて、あっちに行って、自転車は持たないで！」と言い返すと、Ｉ子たちは、自転車の前に進み、両手を広げて進路を妨げた。

第3章

> 　Ｉ子たちの強引な引き止めに、とうとうＴ男は泣き出してしまった。教師は、Ｔ男が大勢の幼児に取り囲まれてしまったことが気になって、Ｔ男の側に近寄り、「Ｔちゃんも、１周だけ回ったら片付けるんだよね」と、Ｔ男をかばうように言葉を掛けた。
> 　Ｔ男は、教師の言葉を聞き、自分の気持ちを受け止めてもらったことを知り、ほっとしたのだろう。泣きやんだ。そして、１周を回って、自ら自転車を片付けに行った。
> 　Ｉ子たちには「ありがとう。みんなで片付けのことを教えてあげたね。今度はＴちゃんが泣かないで片付けができるように言い方も考えようね」と伝えた。

　ここで教師は、大勢の友達に取り囲まれたＴ男が、ますます意地を張ることになってしまうと予想し、Ｔ男をかばう言葉を掛けてみた。そうすることで、Ｔ男なりに自転車に乗りたい気持ちを抑え、自分から片付けに参加することが必要であると考えたからである。

　教師の予想通り、Ｔ男は、教師の言葉を受け止め、自ら自転車を片付けることができたが、遊びを止めて片付けるというＩ子たちの思いはＴ男に伝わっていない。また、Ｉ子たちは、このような教師の言葉で納得したであろうか。むしろ、「Ｔちゃんは特別」といった印象をもってしまったかもしれない。教師が仲介者となり、Ｔ男の思いとＩ子たちの思いを交流させることが必要ではなかったかと反省される。

　Ｔ男が友達の思いやよさに気付き、周りの友達と対等な仲間関係をつくっていくためには、友達との接点を大切にして、教師が仲介者となり互いの気持ちを理解し合えるような状況づくりをすることが大切であり、長期的な見通しをもってかかわることの必要を一層感じる場面である。

3月　T男のかたい表情が心に残る

　　最近、T男は友達の存在を意識するようになり、「友達に貸してもらいたいのに、いくら頼んでも貸してもらえない。どう言えばいいの？」など、自分の困ったことや思っていることを、どうやって友達に伝えるかを気にする場面を見ることもある。

　　T男とS夫が、自転車置き場で青い1台の自転車をめぐって「この自転車は僕が先に乗るんだ」「いや、僕だよ」と言い合っていた。T男は、家から持ってきたウサギにあげるニンジンを見せ、「このニンジンをあげるから、僕に乗らせて」と交渉したり、「あっちの自転車にしたら」と勧めたりするが、S夫は受け入れない。S夫が「じゃんけんで決めようか」と提案するが、今度はT男が「じゃんけんはいや」と断る。

　　どうにも2人では解決しない様子なので、教師は、「どうしてこの青い自転車がいいの？他にも自転車があるよ」と言ってみた。すると、S夫が「あっちのは、がたがたしてるからこわいんだ」と、そしてT男は「この自転車はスピードがでるから面白い」と言う。教師が「困ったね、2人とも乗りたいのにね」と言いながら2人の話に参加してみたが、結局、解決しない。しばらくして、教師が「がたがたしないように後ろを持ってあげようか？」と話してみると、S夫が黄色い自転車に乗り始める。その様子を見て、T男は青い自転車に乗って庭の方へ進んだ。戻ってきたT男に対して、教師が「よかったね、青い自転車に乗れて」と言うと、T男の表情はかたく、黙っていた。

　　入園してから1年が過ぎようとしているが、相変わらずT男は、自分の気持ちを優先させ、自転車を友達に譲ろうとはしない。しかし、泣いたり怒っ

たりせずに乗りたい気持ちを言葉で表し、友達を納得させようと話したり、交渉したりしている。泣いて自分の気持ちを表していた頃の姿と随分異なる。

　なぜ、せっかく思い通りの自転車に乗れたのに、Ｔ男はかたい表情なのだろう。思い通りの自転車に乗れたことはうれしいはずであるが、それはＴ男にとって必ずしも楽しい体験ではなかったようだ。しかし、むしろ教師は、Ｔ男のかたい表情の中に、Ｔ男なりの１年間の成長を見ることができ、うれしく感じた。

　ここでのＴ男は、何が何でも独り占めしたいというこれまでのＴ男ではない。Ｔ男自身は、かたくなに自転車をＳ夫に譲らなかったという行動を自分なりに反省しながらも、Ｓ夫と教師とのやり取りが楽しそうに感じられ、自分ももっと教師とかかわりたいとうらやましく思ったのではないだろうか。そのような複雑な思いが、Ｔ男のかたい表情として表れたのであろう。今のＴ男は、Ｔ男なりに先生や友達と共に生活する楽しさを求めており、先生や友達と共に生活するためには、我慢しなければならないことを学び始めている。

　これから先、Ｔ男が、もっと自分を発揮しながら、相手の気持ちを受け入れていくためには、友達の思いや考えを受け入れ、一緒に活動して楽しかったと思える体験を重ねることが必要である。そのためには、友達の遊びを知らせたり、その思いや考えを伝えたりする教師の援助が必要であることを改めて感じ、このことを５歳児になった時のＴ男についての指導の重点としていきたいと考えている。

　１年間の指導を振り返ってみると、Ｔ男の泣き声が聞こえると教師が駆けつけ、どうしても泣く原因を取り除いて、Ｔ男の思いを受け止め安定させようとしがちであったように思われる。その結果、Ｔ男にとって自分の主張が通ることが多かったかもしれない。また、他の幼児にばかり我慢さ

せているのではないかとも反省する。一方、こうしたＴ男の行動を温かく受け入れる教師の姿勢によって、Ｔ男なりの成長が見えてきたことは確かであり、一人一人の心の動きを大切にして、いかに他の幼児とのつながりをつくっていくかが、教師の援助として重要であることを改めて感じた。

保護者と話し合うことで後から分かったことであるが、家庭では母親は「悲しいことがあれば好きなだけ泣いていいんだよ」と言っていたようである。教師は「何でもすぐに泣かないで、話してごらん」と言っていた。Ｔ男の中ではどうすればよいのか分からず、混乱していたのではないだろうか。以後、保護者と話し合うことが多くなり、保護者の願いも教師の願いも分かり合い協力し合えるようになってきた。

◇解説◇

自分の思いのままに行動することが多いＴ男は、どうしても周りの幼児とうまくかかわれないことが多く、教師は、そのことに少し焦りを感じつつも、一方で、Ｔ男の成長をじっくり見ていこうとする担任としての気構えを読みとることができる。この１年間を振り返って少しずつではあるが、Ｔ男なりに周りの幼児の言動を感じつつ、自分の行動を調整しようとするようになってきた。こうしてＴ男なりに成長してきた背景には、一人一人の成長を長期的な視点で見守り、じっくりとかかわる教師の働き掛けがあることはいうまでもない。

幼児にとって、集団生活は、自分と異なる他者の存在に気付く絶好の機会であり、他者とかかわる中で体験する葛藤（かっとう）やつまずきを通して、次第に他者の言動や表情から自分の行動や気持ちを振り返ることができるようになっていく。しかし、自分中心に物事を考える傾向がある幼児が、他者の存在やその思いに気付くまでには、時間がかかるし、また、直面した様々

な問題を乗り越えたからといって、幼児はすぐに相手の気持ちに気付くというものではない。幼児は、長い期間をかけて、行きつ戻りつして、だんだんに相手の気持ちに気付くことができるようになっていく。むしろ、幼児期の発達においては、こうして行きつ戻りつしながら、確実に自己の世界を広げ、他者と共有する世界をつくっていくことが大切ではないだろうか。そのためには、幼児と共に生活しながら、幼児たちの人間関係の広がりと深まりを大切にした教師の働き掛けが重要であるということを、改めて考えさせられる事例である。

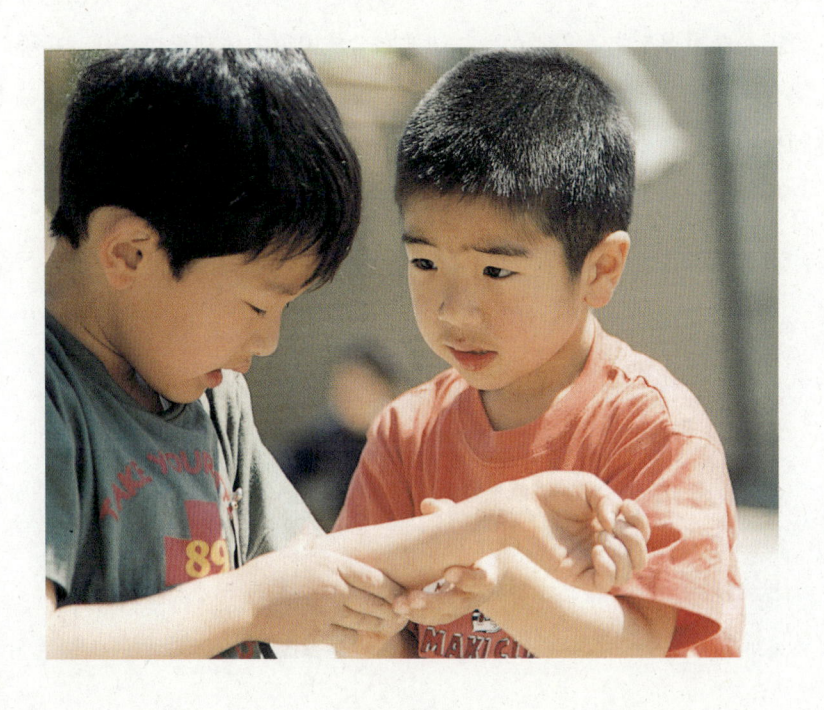

―― 実践2 ――
　　　　教師間の協力体制をつくる　　　4歳児

　保育は、幼児一人一人の内面に働き掛け、生きる力の基礎を培う営みである。そうした働き掛けは、担任一人でできるものではない。幼稚園全体の教師間の協力体制が必要であり、その中で、一人一人の心の動きに応じたきめ細かな指導を展開することができる。こうした教師間の協力体制は、初めからできているわけではない。様々な問題に直面し、よりよい指導を生み出す工夫をし続けていく中で、より確かなものとなっていく。

　実践2は、入園してしばらくたち、幼児たちの行動範囲が広がり、様々な環境とのかかわりを楽しむようになってきた時期に、一人一人に応じたきめ細かな指導をする必要から、幼稚園全体の協力体制をつくり、指導の充実を図っていったものであるが、この実践を通して、幼稚園全体の協力体制をつくるために、どのような配慮が必要か考えてみる。

6月　「ごめんなさい。もうしません」と言うけれど…

　入園してしばらくたち、自分の居場所を見つけ、少しずつ安定した気持ちをもつようになってくると、幼児たちは、幼稚園の様々な環境に働き掛けるようになってきた。行動範囲も広がり、好奇心旺盛に何でもやってみようとする。時には、教師の制止さえも無視してしまうことがあるので、目が離せない。これまで素直に教師の言うことを聞いていた幼児が、「だめ」と言われることをわざとやってみせる姿さえも見られることがある。

　最近、A夫、M也、N郎の3人が行動的になり、3人が一緒なら何で

もできるようになってきた。つい最近まで母親と離れられずにいた幼児たちの姿がまるで嘘のようだ。ところが、教師が、一緒に遊ぼうとして近づいただけで、顔を見合わせて逃げていってしまう。3人は互いに相手のすることをまねして、3人の世界を楽しんでいるようだ。

　時には、「俺たちは悪者だ！」と言いながら、わざと友達が困ることをしていくこともある。今日は、N郎が、他の幼児が積み上げた積み木を壊してしまった。すると、A夫とM也も同じように壊す。見かねて「だめ！」と、教師が止めに入ると「キャー！」と顔を見ながら逃げてしまった。

　その後も、5歳児が一生懸命に組み立てていたブロックをいきなり壊して逃げる。それまで「だめだよ」と教えてくれていた5歳児も、さすがに怒って「なんでそんなことをするんだ」と詰め寄ると、今度は「お兄ちゃんたちがいじめた」と泣きだしてしまった。

　問題を起こす度に、担任が、相手の気持ちを伝えるように継続して指導することに努めた。しかし、その都度「ごめんなさい。もうしません」と言うが、また、別な場所で同じことを繰り返している。3人が一緒にいることで、気持ちが大きくなってしまうのだろうか。

　入園当初は、なかなか母親と離れられないでいたA夫、「…していいの？」と一つ一つ教師に確かめに来ていたM也、友達の遊びを遠くから眺めていたN郎であったが、幼稚園生活に慣れ、ずいぶんと動きが活発になり、それぞれに変化を見せてきた幼児たちである。その3人の変化を、自己発揮し始めた姿として受け止め大切にしたいと思いつつ、一方で、友達に迷惑をかけ、他の教師が注意しても奇声をあげて走っていってしまうなど、叱ることの連続であり、担任はどうかかわればよいか戸惑ってしまった。

3人とのかかわりに悩んだ担任は、降園後の保育の反省会にその悩みを話すことにした。3人の行動が変化してきた時期や、家庭での様子、他の幼児の様子、そして3人の表情など、できるだけ詳しく説明し、他の教師が3人の幼児の姿が分かるようにして、それぞれの意見を聞くことにした。

　話合いは、まず、幼児理解を共通にすることから始まった。「3人はどんな気持ちでいるのだろうか」ということについては、「友達ができてうれしくてしかたがないのではないか」「友達と一緒にいると、なんとなく強くなったような気がして興奮してくるのかもしれない」「なんだか分からないけれど、やりたいだけではないのか」「ぼくたちの気持ち、分かってよと訴えているのではないか」など、それぞれの立場から様々な意見が出された。

　また、今後の指導の方向性を探るために、担任を含めて教師が困っていること、気になることは何か出し合ってみた。「他の幼児に迷惑がかかる」「特に、危険な行為は困る」「学級全体が落ち着かない」「まだ自分を発揮できない幼児も多いので、保育の妨げになる」などの意見が出された。

　さらに、自己発揮し始めた3人の変容を理解しつつも、現実には3人の行動をそのままにしておくことはできないので、今後の指導をどうするか、いろいろ話し合った。その結果、幼稚園全体で協力体制をつくり、3人に対して指導をすることを共通理解した。その際、3人へのかかわりとして、次の3点に配慮することを確認した。

- ○幼稚園全体の教師が、3人の幼児の行動を関心をもって見ることにする。その際、できる限り、それぞれの場で「やあ、Aちゃん。おもしろそうね」「Mちゃんの掘った穴大きいね」など、個々に好意的に声を掛けていく。
- ○3人の会話や、何に興味をもっているか、どんな時に問題となるような行動を起こすのかなど、みんなで観察しながら、必要な情報を整理して、

担任に伝えていく。
○基本的には、細かいことは、注意せず、容認することにするが、自分や他の幼児に危険を及ぼす行為に対しては、毅然とした態度で叱ることにする。この役目は、できる限り他の学級の教師が行うようにし、担任は叱られた幼児が逃げ込み「そう、それは悲しかったね」と受け止める側の役割を果たすようにして、なぜ叱られたのか、幼児と一緒に考えるようにしていく。

一方、担任は、こうした3人に対する個別のかかわりとは別に、この時期の環境の構成などの学級全体についての指導を考えるに当たって、次のことを重視することにした。
○教師が、鬼遊びや砂遊びなど心や体を開放して思い切り遊べる機会を積極的につくりながら、幼児一人一人が、先生や友達と一緒に体を動かして遊ぶ楽しさを十分に体験できるようにする。その際、教師は、3人が、こうした遊びに自ら入ってくることを期待し、3人の様子を遠目に見ながら動き、3人が遊びの仲間に入るきっかけをつくっていく。

7月　担任のかかわりが変わってきた

　　教師間の連携が図れるようになってから、担任の気持ちに少しゆとりができてきたようだ。
　　相変わらず3人は、「俺たちは悪者だ！」と言って、友達に迷惑をかけることがある。滑り台にバットでバリケードをつくり「ここは悪者の場所だ。遊んじゃだめ！」といばっていた。そこにK男がやってきて「どうして？ぼくも使いたい！」と抗議すると、「ヒャーッ」と言いながら逃げてしまい、そしてまたバリケードにもどる。さっきからのこの繰り返しに、だんだんK男が怒り出し、険悪な雰囲気になってきた。

> 　教師は、わざと「俺様は、悪者より強い《超ワルモノ》だ！よーし！おまえたちをやっつけてやる！」と３人を追いかけてみる。すると、今日は、３人の感触はいつもと違う。これまでは、教師の働き掛けが空振りになってしまうことが多かったが、今日は追いかける教師を誘うように逃げている。教師は「まてー！」と一人一人をつかまえ、思い切り強く抱きしめた。「きついよ！」と言いつつも、うれしそうに教師にしがみついてくる。無理やりほおずりをしようとした。それをすり抜け、また逃げ出した。いつのまにか、Ｋ男も逃げる側に加わり、その仲間になっている。一日中、この心地よい感触を確かめるように、教師を誘いにくる。
>
> 　改めて、担任は、少しでも３人との接点をもつようにして、「君たちのことが好き」というメッセージを送り続けることの大切さを実感した。

　嵐のように過ぎたこの約１ヶ月。この間、職員室では、３人の幼児のことが、「今日のＡちゃんは…」「この頃Ｍちゃん、変わってきたね」などと話題になり、他の教師も担任と共に幼児とのかかわりを考え合うことがたびたびあった。そうした話合いが、担任の自分自身の幼児とのかかわりを振り返る機会をつくり出している。まだ、解決できたわけではないが、担任は、３人の気持ちに触れることができるようになってきたことを実感し、少しゆとりがもてたようだ。そうした担任のゆとりが、３人との距離を縮めたことは確かである。

　さらに、今後の指導の方向として、次の点を共通理解した。
○幼児が安心して、自分の正直な気持ちや考えを素直に表現できる雰囲気をもった人的な環境を幼稚園全体につくっていく。
○幼児は自分をしっかり受け止めてもらえた体験があって初めて、他者を

受け入れることができるようになるという発達の過程を共通理解し、指導観を共有する。
○3人と周りの幼児たちとの接点をもつために、教師が、友達の思いを3人に伝えながら、相手にも「分かってほしい」という気持ちがあるということを具体的に知らせていくことが必要であり、仲介者としての教師の役割が重要である。

◇解説◇
担任を中心にして、幼稚園全体の教師間の共通理解を得て協力体制をつくりながら、環境の探索を楽しむ幼児たちの思いをおおらかな気持ちで受け止めつつ、一人一人の心の動きに応じるきめ細かな指導の過程を読みとることができる。

3人の行動は、ある意味では、「羽目を外している」と見えるかもしれない。しかし、それは幼稚園生活に慣れてくる過程で、表現の仕方は異なるが、多くの幼児が見せる姿でもある。こうした姿は、しばしばマイナスのように受け止められるが、幼児にとって、その集団が本当に自己を発揮させることができる場であることを実感していくためには、必ずしもマイナスではない。むしろ、教師が、幼児のありのままの表現を受け入れながら、幼児が自分の居場所を確保できるような働き掛けをしていくことにより、それは、幼児にとって意味ある体験となる。教師の役割が重要なのである。

しかし、実際には、このような幼児の行動に直面すると、教師は、どのようなかかわりをしたらよいか悩んでしまう。担任一人の力には限界がある。この場合も、担任は叱ることの連続であり、結果的には、周囲の他の幼児の行動をも制限してしまうことになってしまい、幼児とのかかわりに悩んでしまった。

幼児が自己発揮するとともに自己を抑制することを学んでいくためには、一人一人の心の揺れ動きに応じたきめ細かな指導が必要であり、各教師が学級を基本としながらも、園児全員の顔や性格を理解して、みんなで一人一人を育てていこうとする体制づくりが必要である。

　この実践から学ぶことは、その担任の悩みを他の教師も共有し、幼稚園全体の協力体制を整えることを通して、きめ細かな指導を行おうとしているところである。特に、教師同士の話合いを進める中で、この発達の時期の指導の在り方を確認し合い、指導の充実が図られている。初め、担任は、3人に対する指導に悩んでいたが、他の教師たちと話し合う中で、学級全体を視野に入れ、3人を取り巻く周りの幼児に働き掛けることを通して、3人の成長を待つという指導の必要性を確認し、これまでの指導を改めている。学級全体を視野に入れて指導することによって、最終的に3人の成長も生み出されてきていると言えるだろう。

　教師同士の話合いを通して、発達観や指導観を教師間で共有し、指導の充実を図っていることは、大いに学びたいところである。

実践3　一人一人の成長と学級経営　　5歳児

　幼児は、集団生活の様々な場面で、葛藤やいざこざに直面し、そうした体験を通して、他者の存在や他者の視点に気付き、その視点から自分の行動を見ることができるようになっていく。幼児は、葛藤やつまずきを乗り越えていくことを通して、友達同士のつながりが生まれ、自分の行動をコントロールすることを学んでいく。

　しかし、こうした学びが成立するためには、幼児同士が互いによさを認め、一人一人を生かすことのできる学級経営をすることが不可欠である。そのためには、教師は、入園から修了までの幼児の発達の見通しをもって、それぞれの発達の時期に応じて一人一人を生かす学級経営を考えていくことが必要である。

　実践3は、5歳児に進級して間もない時期から2学期にかけての学級経営に取り組んでいる実践である。家庭との連携をも視野に入れ、一人一人が自分の居場所を見出し、幼児同士のかかわりを深める視点から、指導の在り方を考えている。

4月　いじわるだから一緒に遊んじゃだめ

　5歳児になると、組替えが行われ、新しい学級には、4歳児の時に他の学級であった幼児が3分の2ほどいた。顔は知っていても、一緒に遊んだり、話したりしたことがない幼児たちだったので、初めは慣れない様子であったが、だんだんに互いの名前を知り、新しい友達とも一緒に遊ぶようになってきた。教師も、積極的に互いの名前を呼び合う遊びに

誘ったり、親しく名前を呼んだりして、幼児同士がかかわりを深める機会をつくってきた。また、早く緊張感を取り除くために、5歳児になった喜びを味わい、自信がもてるよう、一人一人の行動を認めたり、みんなに紹介したりして、互いのよさが認め合える場をつくることに心掛けた。

　教師自身も、幼児一人一人の1日の行動を把握し、一人一人に声を掛けるように心掛けていた。おやつの時間になり、幼児たちが、手洗い、うがいを済ませ、椅子を並べて集まった時のことである。幼児数名が、S男を避けるようにして内緒話をしていた。

　教師が「どうしたの？」と尋ねると、A子が「何でもないよ」と答える。教師が「何でもないならいいけれど。先生、ちょっと気になるなあ・・・」と、再度、A子に聞いてみた。すると、「じゃあ、ちょっと待っててね」といい、数名で内緒話をしている。そして、「あのね。先生も同じ組だから教えてあげるね」と言い、小さな声で「Sちゃんだけど。いじわるだから一緒に遊んじゃだめ」と言う。「それって、どういうこと？」と聞き返すと、A子は、「小さい組の時、物を投げたり、人をたたいたりしたんだから」と言う。「Aちゃんが、何かされたの？」と聞いてみると、「ううーん。わたしはされていない」と答える。「先生は、何もいやなことをされていないから、Sちゃんと仲良くしようと思うよ。Sちゃん、いじわるだと思わないし・・・。どうして遊んじゃだめなのかな」と言うと、A子は、「ううーん。分かんないよ。うちのママに聞いてみて。ママが言ったんだもん」と答え、教師の問いに対して戸惑っている。

　この場合は、A子にあえて聞き返すことは避け、教師の考えだけはっき

りと伝えることにした。当然、A子は不可解な表情をしていた。自分を守ってくれる母親が間違ったことを言うはずがないし、大好きな先生も事実と違ったことを言うはずがない、というので、どう考えたらよいのか判断できずに、困惑してしまったようだ。

　実際に、A子の母親からも「今年は、とにかく手のかかる幼児が同じ組にいると聞いて、とても心配している」と聞いている。4歳児の学級では、言葉による表現が苦手なS男は、自分の感情をうまく表現できず、時折、乱暴な行動となってしまったらしい。そのことが原因で、周りの幼児から乱暴をするいじわるな子として見られるようになり、次第に自分の居場所をなくしてしまったようだ。

　その後もしばしば何かあると「Sちゃんがやったんじゃない」とか、誰かが泣いていると「Sちゃんが、いじめたんでしょう」という言葉が聞かれた。

9月　Sちゃんがかしてくれたの

　2学期が始まり、幼児たちが、新しい学級での生活にも慣れ、様々な環境を生かして友達同士の遊びを楽しむようになってきた頃である。

　ここ数日、幼児たちの間で、ピザ屋さんごっこが盛んに行われている。薄く丸い形の容器に土を詰め、その上に木の葉やいろいろな形や色の花びらなどを並べてピザを作り、各自が「これは、トマトピザね」など、自分で作ったものに名前を付け、遊びを楽しんでいる。一人一人のアイディアが面白く、また、自分の作ったピザを売ったり、友達の作ったピザを買ったりして、友達とアイディアを交流させて遊ぶ様子が楽しそうなので、ここ数日は、教師も、ピザの台となる空容器や作ったピザを並べる台を準備したり、遊びに興味をもっているがその仲間に入れないでいる幼児たちを誘ってピザを買いに行ったりして、遊びの環境を整えて

きた。
　A子は、丸い容器の上にクローバーの葉を敷き詰め、その上に黄色の花や赤い実をきれいに並べていた。実は、その容器は、盆型をした容器で、本物のピザらしい大きさなので、幼児たちの間では人気がある。A子は、友達に売る時には、必ず「食べたら返してね」と言っている。ところが、Y美もそれが使いたいらしく、一度買ったらA子に返さないでいた。しばらく、他の容器でピザを作っていたA子も、その容器が気になったらしく、Y美に返してと言いに行くが、Y美は頑として返そうとせず、言い争いが始まってしまった。
　2人の言い争いを見ていたS男は、自分がもっていた丸形の容器を、「かしてあげる」と言いながらA子のところへ持ってきた。S男は、今日初めてこのピザ作りを始めたばかりであるが、丸形の容器や真四角の容器を使って、他の幼児とは異なる面白い形のピザを作っていた。特に、真四角のピザには、木の葉や花びらが対称形に並べられていて面白い。
　すぐ側で3人のやり取りを見ていた教師は、S男の仲裁の言葉に驚いた。同時に、S男のピザ作りの発想が面白いと思い、「すごい、四角のピザ。先生、初めて。きれいな形だね」と言葉を掛けた。教師の言葉を聞いて周りの幼児たちも、初めてS男のピザに驚いたらしく、「きれいだね」「四角いピザもあるよね」等、互いに言葉を交わしている。
　丸形の容器にこだわっていたY美も、真四角のピザをじっと見ている。教師は、Y美も新しい形を発見して驚いていると理解したので、「Sちゃんが作ったんだって。きれいな形だね。こんな形のピザもできるんだね」と、改めてS男のよさをY美に伝えた。
　S男のピザを見て、Y美は、丸い容器へのこだわりがなくなってしまったようだ。その後、Y美は、A子に丸い容器を返している。その様子を

> 見て、教師は、「ああ、よかった。Ａちゃんは、どうしても丸いピザを作りたいんだって。Ａちゃんは、丸いピザがじょうずだもんね」と、Ａ子の気持ちをＹ美に伝えた。
> 　Ａ子は、「Ｓちゃんがかしてくれたの」と言いながら、新たに作ったピザを持ってきた。

　４月にＡ子の「いじわるだから一緒に遊んじゃだめ」の言葉を聞いて以来、新しい学級の中で、Ｓ男を含めて一人一人のよさを生かす学級づくりに真剣に取り組んできた担任にとって、９月のＡ子、Ｙ美、Ｓ男の３人のやり取りには、幼児一人一人の成長が感じられ、指導の成果を実感された場面である。

　この間、一人一人のよさを生かす学級づくりとして、担任が具体的な指導として心掛けたことは、次の３点である。

○一人一人を大切にする教師の姿勢を示す

　学級全体に目を配りつつも、Ｓ男とは、できるだけ一対一でかかわるようにする。また、時には、教師の手伝いをしてもらうようにして、教師との個人的なつながりを大切にした。Ｓ男は、喜んで手伝ってくれたし、むしろ、自分が役に立っているということで、自信をもてるようになってきた。機会あるごとに、Ｓ男の行動を認め、受け止めてきた。

　さらに、教師は、Ｓ男の様子を見ながら、うまく言葉に表現できないときには、その仲介をして、必要な援助をするように心掛け、Ｓ男が孤立しないように心掛けた。

　その後は、あえて「Ｓちゃんは、いじわるしていないのに、どうしてそう言うのかな」などと、特別にＳ男について話すことはしなかった。幼児の場合、言葉で理解することよりも、幼児自身がかかわりを通して理解することが大切であると考えたからである。

○ 保護者への理解を得る

　しかし、保護者の間で、一度「乱暴をするいじわるな子」という印象をもたれてしまうと、それを拭い去ることには時間がかかった。保育参観後の懇談会などでは、「けんかの中で育つ人間関係」をテーマとして話合いをして、幼児期の人間関係の発達についての理解を得るなど、この時期の発達と教育について、保護者の理解を得るようにしてきた。

　その後、A子の保護者からも他の保護者からも、S男の行動について特別に相談を受けたり、非難する言葉を聞いたりすることはなかったが、幼児の仲間づくりなど人間関係の発達については、具体的な事例を挙げながら繰り返し話すとともに、幼児期において生活や遊びを通して相手の気持ちを知っていく体験が、子どもたちの人とかかわる力となり、生きる力を培うことにつながることを話してきた。

○ 一人一人が自分で考えて、自信をもって行動できる

　5歳児になると、幼児が友達とのかかわりを深め、互いに意見を出し合いながら、幼児たちの力で活動を展開することが多くなる。しかし、時には自己主張の強い幼児の言動に振り回されてしまい、自分の意見がうまく言えず、仲間意識が育ちにくい場合がある。まず、「自分で考えて行動する」ということができるようにする必要がある。すなわち、日頃より自分で考えたことを言葉で表現したり、互いを受け入れたりすることを経験させ、大勢の意見や強い幼児の意見に誘われてしまわないように援助することが大切である。

　しかし、この時期では、初めからうまく自分の思いを主張することができる幼児は少ない。また、はっきりと自己主張しているかのように見えても、相手の思いに全く気付かずにいることも多いので、事ある毎に、教師が幼児の互いの主張を認めつつ、相手のよさに気付いていくような働き掛けを重ねてきた。

その際、9月のピザ作りの場面の教師のかかわりのように、他の幼児にはないS男のよさを認めながら、他の幼児がS男と一緒に活動することを通して、S男だけでなく、幼児一人一人のよさに気付くような働き掛けをするようにしてきた。

◇解説◇
　教師は、何気ない幼児との会話の中で、進級当初の不安定な人間関係の様相を垣間見て、S男とA子だけの問題ではなく、この時期の学級全体の問題として取り組んでいる。一人一人のよさが生かされる学級をつくるためには、S男が初めから「乱暴をするいじわるな子」として受け止められていることが問題であると考えたからである。
　この場合、教師は、S男とのかかわりを言葉にして直接に指導することは控え、教師自身の一人一人を大切にする姿勢から、幼児が友達のよさに気付くような働き掛けをしている。それは、進級当初という不安定な時期を考えると、教師の取り上げ方によっては、逆にS男に対する固定した見方が生まれてしまったり、不安をもつ幼児がいたりすることに配慮した結果であろう。また、仲間関係が育ってきた時期であれば、幼児一人一人のよさを周りの幼児に伝えることも必要であろう。さらに、学級全体の共通な話題としてみんなで考え合う場面もある。すなわち、幼児の人間関係の発達に即した教師の援助が大切である。
　この実践から学ぶことは、学級経営において、幼児同士の心をつないでいく仲介者としての教師の存在である。すなわち、幼児は、教師と友達と共に生活する中で、友達の心情や考え方などの特性に気付くようになっていくことを踏まえ、教師は、1年間の幼稚園生活を見通して、幼児の様子を見ながら、それぞれの時期に応じた仲間づくりへの援助を行う必要が

ある。幼児にとって、学級は、心の居場所であり、仲間づくりをする基本となる集団であることを踏まえ、一人一人のよさや可能性が生かされるよう学級経営をすることが大切である。

　なお、学級経営においては、保護者への働き掛けも重要である。幼児一人一人の成長は、その保護者に温かく見守られる中で、初めて確かなものになるのである。幼児と共に生活する中で起こる様々な出来事に沿って、その都度、幼児期の特性やその教育など、適切な情報を提供しながら、保護者との信頼関係を深めるとともに、保護者間のつながりをつくっていくことは、担任の重要な役割である。

付　録

教　育　基　本　法
(平成十八年十二月二十二日法律第百二十号)

　我々日本国民は、たゆまぬ努力によって築いてきた民主的で文化的な国家を更に発展させるとともに、世界の平和と人類の福祉の向上に貢献することを願うものである。
　我々は、この理想を実現するため、個人の尊厳を重んじ、真理と正義を希求し、公共の精神を尊び、豊かな人間性と創造性を備えた人間の育成を期するとともに、伝統を継承し、新しい文化の創造を目指す教育を推進する。
　ここに、我々は、日本国憲法 の精神にのっとり、我が国の未来を切り拓く教育の基本を確立し、その振興を図るため、この法律を制定する。

　　第一章　教育の目的及び理念
　(教育の目的)
第一条　教育は、人格の完成を目指し、平和で民主的な国家及び社会の形成者として必要な資質を備えた心身ともに健康な国民の育成を期して行われなければならない。
　(教育の目標)
第二条　教育は、その目的を実現するため、学問の自由を尊重しつつ、次に掲げる目標を達成するよう行われるものとする。
　一　幅広い知識と教養を身に付け、真理を求める態度を養い、豊かな情操と道徳心を培うとともに、健やかな身体を養うこと。
　二　個人の価値を尊重して、その能力を伸ばし、創造性を培い、自主及び自律の精神を養うとともに、職業及び生活との関連を重視し、勤労を重んずる態度を養うこと。
　三　正義と責任、男女の平等、自他の敬愛と協力を重んずるとともに、公共の精神に基づき、主体的に社会の形成に参画し、その発展に寄与する態度を養うこと。
　四　生命を尊び、自然を大切にし、環境の保全に寄与する態度を養うこと。
　五　伝統と文化を尊重し、それらをはぐくんできた我が国と郷土を愛するとともに、他国を尊重し、国際社会の平和と発展に寄与する態度を養うこと。
　(生涯学習の理念)
第三条　国民一人一人が、自己の人格を磨き、豊かな人生を送ることができるよう、その生涯にわたって、あらゆる機会に、あらゆる場所において学習することができ、その成果を適切に生かすことのできる社会の実現が図られなければならない。

（教育の機会均等）
第四条　すべて国民は、ひとしく、その能力に応じた教育を受ける機会を与えられなければならず、人種、信条、性別、社会的身分、経済的地位又は門地によって、教育上差別されない。
2　国及び地方公共団体は、障害のある者が、その障害の状態に応じ、十分な教育を受けられるよう、教育上必要な支援を講じなければならない。
3　国及び地方公共団体は、能力があるにもかかわらず、経済的理由によって修学が困難な者に対して、奨学の措置を講じなければならない。

第二章　教育の実施に関する基本

（義務教育）
第五条　国民は、その保護する子に、別に法律で定めるところにより、普通教育を受けさせる義務を負う。
2　義務教育として行われる普通教育は、各個人の有する能力を伸ばしつつ社会において自立的に生きる基礎を培い、また、国家及び社会の形成者として必要とされる基本的な資質を養うことを目的として行われるものとする。
3　国及び地方公共団体は、義務教育の機会を保障し、その水準を確保するため、適切な役割分担及び相互の協力の下、その実施に責任を負う。
4　国又は地方公共団体の設置する学校における義務教育については、授業料を徴収しない。
（学校教育）
第六条　法律に定める学校は、公の性質を有するものであって、国、地方公共団体及び法律に定める法人のみが、これを設置することができる。
2　前項の学校においては、教育の目標が達成されるよう、教育を受ける者の心身の発達に応じて、体系的な教育が組織的に行われなければならない。この場合において、教育を受ける者が、学校生活を営む上で必要な規律を重んずるとともに、自ら進んで学習に取り組む意欲を高めることを重視して行われなければならない。
（大学）
第七条　大学は、学術の中心として、高い教養と専門的能力を培うとともに、深く真理を探究して新たな知見を創造し、これらの成果を広く社会に提供することにより、社会の発展に寄与するものとする。
2　大学については、自主性、自律性その他の大学における教育及び研究の特性が尊重されなければならない。

（私立学校）

第八条　私立学校の有する公の性質及び学校教育において果たす重要な役割にかんがみ、国及び地方公共団体は、その自主性を尊重しつつ、助成その他の適当な方法によって私立学校教育の振興に努めなければならない。

（教員）

第九条　法律に定める学校の教員は、自己の崇高な使命を深く自覚し、絶えず研究と修養に励み、その職責の遂行に努めなければならない。

2　前項の教員については、その使命と職責の重要性にかんがみ、その身分は尊重され、待遇の適正が期せられるとともに、養成と研修の充実が図られなければならない。

（家庭教育）

第十条　父母その他の保護者は、子の教育について第一義的責任を有するものであって、生活のために必要な習慣を身に付けさせるとともに、自立心を育成し、心身の調和のとれた発達を図るよう努めるものとする。

2　国及び地方公共団体は、家庭教育の自主性を尊重しつつ、保護者に対する学習の機会及び情報の提供その他の家庭教育を支援するために必要な施策を講ずるよう努めなければならない。

（幼児期の教育）

第十一条　幼児期の教育は、生涯にわたる人格形成の基礎を培う重要なものであることにかんがみ、国及び地方公共団体は、幼児の健やかな成長に資する良好な環境の整備その他適当な方法によって、その振興に努めなければならない。

（社会教育）

第十二条　個人の要望や社会の要請にこたえ、社会において行われる教育は、国及び地方公共団体によって奨励されなければならない。

2　国及び地方公共団体は、図書館、博物館、公民館その他の社会教育施設の設置、学校の施設の利用、学習の機会及び情報の提供その他の適当な方法によって社会教育の振興に努めなければならない。

（学校、家庭及び地域住民等の相互の連携協力）

第十三条　学校、家庭及び地域住民その他の関係者は、教育におけるそれぞれの役割と責任を自覚するとともに、相互の連携及び協力に努めるものとする。

（政治教育）

第十四条　良識ある公民として必要な政治的教養は、教育上尊重されなければならない。

2　法律に定める学校は、特定の政党を支持し、又はこれに反対するための政治教育その他政治的活動をしてはならない。

（宗教教育）
第十五条　宗教に関する寛容の態度、宗教に関する一般的な教養及び宗教の社会生活における地位は、教育上尊重されなければならない。
2　国及び地方公共団体が設置する学校は、特定の宗教のための宗教教育その他宗教的活動をしてはならない。

第三章　教育行政

（教育行政）
第十六条　教育は、不当な支配に服することなく、この法律及び他の法律の定めるところにより行われるべきものであり、教育行政は、国と地方公共団体との適切な役割分担及び相互の協力の下、公正かつ適正に行われなければならない。
2　国は、全国的な教育の機会均等と教育水準の維持向上を図るため、教育に関する施策を総合的に策定し、実施しなければならない。
3　地方公共団体は、その地域における教育の振興を図るため、その実情に応じた教育に関する施策を策定し、実施しなければならない。
4　国及び地方公共団体は、教育が円滑かつ継続的に実施されるよう、必要な財政上の措置を講じなければならない。

（教育振興基本計画）
第十七条　政府は、教育の振興に関する施策の総合的かつ計画的な推進を図るため、教育の振興に関する施策についての基本的な方針及び講ずべき施策その他必要な事項について、基本的な計画を定め、これを国会に報告するとともに、公表しなければならない。
2　地方公共団体は、前項の計画を参酌し、その地域の実情に応じ、当該地方公共団体における教育の振興のための施策に関する基本的な計画を定めるよう努めなければならない。

第四章　法令の制定

第十八条　この法律に規定する諸条項を実施するため、必要な法令が制定されなければならない。

学　校　教　育　法　(抄)

(昭和二十二年三月三十一日法律第二十六号)

一部改正：平成二八年五月二〇日法律第四七号

第三章　幼稚園

第二十二条　幼稚園は、義務教育及びその後の教育の基礎を培うものとして、幼児を保育し、幼児の健やかな成長のために適当な環境を与えて、その心身の発達を助長することを目的とする。

第二十三条　幼稚園における教育は、前条に規定する目的を実現するため、次に掲げる目標を達成するよう行われるものとする。

一　健康、安全で幸福な生活のために必要な基本的な習慣を養い、身体諸機能の調和的発達を図ること。

二　集団生活を通じて、喜んでこれに参加する態度を養うとともに家族や身近な人への信頼感を深め、自主、自律及び協同の精神並びに規範意識の芽生えを養うこと。

三　身近な社会生活、生命及び自然に対する興味を養い、それらに対する正しい理解と態度及び思考力の芽生えを養うこと。

四　日常の会話や、絵本、童話等に親しむことを通じて、言葉の使い方を正しく導くとともに、相手の話を理解しようとする態度を養うこと。

五　音楽、身体による表現、造形等に親しむことを通じて、豊かな感性と表現力の芽生えを養うこと。

第二十四条　幼稚園においては、第二十二条に規定する目的を実現するための教育を行うほか、幼児期の教育に関する各般の問題につき、保護者及び地域住民その他の関係者からの相談に応じ、必要な情報の提供及び助言を行うなど、家庭及び地域における幼児期の教育の支援に努めるものとする。

第二十五条　幼稚園の教育課程その他の保育内容に関する事項は、第二十二条及び第二十三条の規定に従い、文部科学大臣が定める。

第二十六条　幼稚園に入園することのできる者は、満三歳から、小学校就学の始期に達するまでの幼児とする。

第八章　特別支援教育

第八十一条　幼稚園、小学校、中学校、義務教育学校、高等学校及び中等教育学校においては、次項各号のいずれかに該当する幼児、児童及び生徒その他教育上特別の支援を必要とする幼児、児童及び生徒に対し、文部科学大臣の定めるところにより、障害による学習上又は生活上の困難を克服するための教育を行うものとする。(第二項及び第三項　略)

学校教育法施行規則（抄）

(昭和二十二年五月二十三日文部省令第十一号)
一部改正：平成二八年一二月九日文部科学省令第三四号

第三章　幼稚園

第三十七条　幼稚園の毎学年の教育週数は、特別の事情のある場合を除き、三十九週を下つてはならない。

第三十八条　幼稚園の教育課程その他の保育内容については、この章に定めるもののほか、教育課程その他の保育内容の基準として文部科学大臣が別に公示する幼稚園教育要領によるものとする。

幼稚園教育要領

○文部科学省告示第六十二号

学校教育法施行規則（昭和二十二年文部省令第十一号）第三十八条に基づき、幼稚園教育要領（平成二十年文部科学省告示第二十六号）の全部を次のように改正し、平成三十年四月一日から施行する。

　　平成二十九年三月三十一日　　　　　　　　文部科学省大臣　松野　博一

目次
前文
第1章総則
第1　幼稚園教育の基本
第2　幼稚園教育において育みたい資質・能力及び「幼児期の終わりまでに育ってほしい姿」
第3　教育課程の役割と編成等
第4　指導計画の作成と幼児理解に基づいた評価
第5　特別な配慮を必要とする幼児への指導
第6　幼稚園運営上の留意事項
第7　教育課程に係る教育時間終了後等に行う教育活動など
第2章ねらい及び内容
健康
人間関係
環境
言葉
表現
第3章教育課程に係る教育時間の終了後等に行う教育活動などの留意事項

教育は，教育基本法第1条に定めるとおり，人格の完成を目指し，平和で民主的な国家及び社会の形成者として必要な資質を備えた心身ともに健康な国民の育成を期すという目的のもと，同法第2条に掲げる次の目標を達成するよう行われなければならない。
1　幅広い知識と教養を身に付け，真理を求める態度を養い，豊かな情操と道徳心を培うとともに，健やかな身体を養うこと。
2　個人の価値を尊重して，その能力を伸ばし，創造性を培い，自主及び自律の精神を養うとともに，職業及び生活との関連を重視し，勤労を重んずる態度を養うこと。
3　正義と責任，男女の平等，自他の敬愛と協力を重んずるとともに，公共の精神に基づき，主体的に社会の形成に参画し，その発展に寄与する態度を養うこと。
4　生命を尊び，自然を大切にし，環境の保全に寄与する態度を養うこと。
5　伝統と文化を尊重し，それらをはぐくんできた我が国と郷土を愛するとともに，他国を尊重し，国際社会の平和と発展に寄与する態度を養うこと。

　また，幼児期の教育については，同法第11条に掲げるとおり，生涯にわたる人格形成の基礎を培う重要なものであることにかんがみ，国及び地方公共団体は，幼児の健やかな成長に資する良好な環境の整備その他適当な方法によって，その振興に努めなければならないこととされている。
　これからの幼稚園には，学校教育の始まりとして，こうした教育の目的及び目標の達成を目指しつつ，一人一人の幼児が，将来，自分のよさや可能性を認識するとともに，あらゆる他者を価値のある存在として尊重し，多様な人々と協働しながら様々な社会的変化を乗り越え，豊かな人生を切り拓き，持続可能な社会の創り手となることができるようにするための基礎を培うことが求められる。このために必要な教育の在り方を具体化するのが，各幼稚園において教育の内容等を組織的かつ計画的に組み立てた教育課程である。
　教育課程を通して，これからの時代に求められる教育を実現していくためには，よりよい学校教育を通してよりよい社会を創るという理念を学校と社会とが共有し，それぞれの幼稚園において，幼児期にふさわしい生活をどのように展開し，どのような資質・能力を育むようにするのかを教育課程において明確にしながら，社会との連携及び協働によりその実現を図っていくという，社会に開かれた教育課程の実現が重要となる。
　幼稚園教育要領とは，こうした理念の実現に向けて必要となる教育課程の基準を大綱的に定めるものである。幼稚園教育要領が果たす役割の一つは，公の性質を有する

幼稚園における教育水準を全国的に確保することである。また，各幼稚園がその特色を生かして創意工夫を重ね，長年にわたり積み重ねられてきた教育実践や学術研究の蓄積を生かしながら，幼児や地域の現状や課題を捉え，家庭や地域社会と協力して，幼稚園教育要領を踏まえた教育活動の更なる充実を図っていくことも重要である。

　幼児の自発的な活動としての遊びを生み出すために必要な環境を整え，一人一人の資質・能力を育んでいくことは，教職員をはじめとする幼稚園関係者はもとより，家庭や地域の人々も含め，様々な立場から幼児や幼稚園に関わる全ての大人に期待される役割である。家庭との緊密な連携の下，小学校以降の教育や生涯にわたる学習とのつながりを見通しながら，幼児の自発的な活動としての遊びを通しての総合的な指導をする際に広く活用されるものとなることを期待して，ここに幼稚園教育要領を定める。

第1章　総　　則

第1　幼稚園教育の基本

　幼児期の教育は，生涯にわたる人格形成の基礎を培う重要なものであり，幼稚園教育は，学校教育法に規定する目的及び目標を達成するため，幼児期の特性を踏まえ，環境を通して行うものであることを基本とする。

　このため教師は，幼児との信頼関係を十分に築き，幼児が身近な環境に主体的に関わり，環境との関わり方や意味に気付き，これらを取り込もうとして，試行錯誤したり，考えたりするようになる幼児期の教育における見方・考え方を生かし，幼児と共によりよい教育環境を創造するように努めるものとする。これらを踏まえ，次に示す事項を重視して教育を行わなければならない。

　1　幼児は安定した情緒の下で自己を十分に発揮することにより発達に必要な体験を得ていくものであることを考慮して，幼児の主体的な活動を促し，幼児期にふさわしい生活が展開されるようにすること。

　2　幼児の自発的な活動としての遊びは，心身の調和のとれた発達の基礎を培う重要な学習であることを考慮して，遊びを通しての指導を中心として第2章に示すねらいが総合的に達成されるようにすること。

　3　幼児の発達は，心身の諸側面が相互に関連し合い，多様な経過をたどって成し遂げられていくものであること，また，幼児の生活経験がそれぞれ異なることなどを考慮して，幼児一人一人の特性に応じ，発達の課題に即した指導を行うようにすること。

　その際，教師は，幼児の主体的な活動が確保されるよう幼児一人一人の行動の理解

と予想に基づき，計画的に環境を構成しなければならない。この場合において，教師は，幼児と人やものとの関わりが重要であることを踏まえ，教材を工夫し，物的・空間的環境を構成しなければならない。また，幼児一人一人の活動の場面に応じて，様々な役割を果たし，その活動を豊かにしなければならない。

第2 幼稚園教育において育みたい資質・能力及び「幼児期の終わりまでに育ってほしい姿」
1　幼稚園においては，生きる力の基礎を育むため，この章の第1に示す幼稚園教育の基本を踏まえ，次に掲げる資質・能力を一体的に育むよう努めるものとする。
   (1) 豊かな体験を通じて，感じたり，気付いたり，分かったり，できるようになったりする「知識及び技能の基礎」
   (2) 気付いたことや，できるようになったことなどを使い，考えたり，試したり，工夫したり，表現したりする「思考力，判断力，表現力等の基礎」
   (3) 心情，意欲，態度が育つ中で，よりよい生活を営もうとする「学びに向かう力，人間性等」
2　1に示す資質・能力は，第2章に示すねらい及び内容に基づく活動全体によって育むものである。
3　次に示す「幼児期の終わりまでに育ってほしい姿」は，第2章に示すねらい及び内容に基づく活動全体を通して資質・能力が育まれている幼児の幼稚園修了時の具体的な姿であり，教師が指導を行う際に考慮するものである。
   (1) 健康な心と体
      幼稚園生活の中で，充実感をもって自分のやりたいことに向かって心と体を十分に働かせ，見通しをもって行動し，自ら健康で安全な生活をつくり出すようになる。
   (2) 自立心
      身近な環境に主体的に関わり様々な活動を楽しむ中で，しなければならないことを自覚し，自分の力で行うために考えたり，工夫したりしながら，諦めずにやり遂げることで達成感を味わい，自信をもって行動するようになる。
   (3) 協同性
      友達と関わる中で，互いの思いや考えなどを共有し，共通の目的の実現に向けて，考えたり，工夫したり，協力したりし，充実感をもってやり遂げるようになる。
   (4) 道徳性・規範意識の芽生え
      友達と様々な体験を重ねる中で，してよいことや悪いことが分かり，自分の行動を振り返ったり，友達の気持ちに共感したりし，相手の立場に立って行動するようになる。また，きまりを守る必要性が分かり，自分の気持ちを調整し，

友達と折り合いを付けながら，きまりをつくったり，守ったりするようになる。
(5) 社会生活との関わり
　　家族を大切にしようとする気持ちをもつとともに，地域の身近な人と触れ合う中で，人との様々な関わり方に気付き，相手の気持ちを考えて関わり，自分が役に立つ喜びを感じ，地域に親しみをもつようになる。また，幼稚園内外の様々な環境に関わる中で，遊びや生活に必要な情報を取り入れ，情報に基づき判断したり，情報を伝え合ったり，活用したりするなど，情報を役立てながら活動するようになるとともに，公共の施設を大切に利用するなどして，社会とのつながりなどを意識するようになる。
(6) 思考力の芽生え
　　身近な事象に積極的に関わる中で，物の性質や仕組みなどを感じ取ったり，気付いたりし，考えたり，予想したり，工夫したりするなど，多様な関わりを楽しむようになる。また，友達の様々な考えに触れる中で，自分と異なる考えがあることに気付き，自ら判断したり，考え直したりするなど，新しい考えを生み出す喜びを味わいながら，自分の考えをよりよいものにするようになる。
(7) 自然との関わり・生命尊重
　　自然に触れて感動する体験を通して，自然の変化などを感じ取り，好奇心や探究心をもって考え言葉などで表現しながら，身近な事象への関心が高まるとともに，自然への愛情や畏敬の念をもつようになる。また，身近な動植物に心を動かされる中で，生命の不思議さや尊さに気付き，身近な動植物への接し方を考え，命あるものとしていたわり，大切にする気持ちをもって関わるようになる。
(8) 数量や図形，標識や文字などへの関心・感覚
　　遊びや生活の中で，数量や図形，標識や文字などに親しむ体験を重ねたり，標識や文字の役割に気付いたりし，自らの必要感に基づきこれらを活用し，興味や関心，感覚をもつようになる。
(9) 言葉による伝え合い
　　先生や友達と心を通わせる中で，絵本や物語などに親しみながら，豊かな言葉や表現を身に付け，経験したことや考えたことなどを言葉で伝えたり，相手の話を注意して聞いたりし，言葉による伝え合いを楽しむようになる。
(10) 豊かな感性と表現
　　心を動かす出来事などに触れ感性を働かせる中で，様々な素材の特徴や表現の仕方などに気付き，感じたことや考えたことを自分で表現したり，友達同士で表現する過程を楽しんだりし，表現する喜びを味わい，意欲をもつようになる。

第3 教育課程の役割と編成等

1 教育課程の役割

　各幼稚園においては，教育基本法及び学校教育法その他の法令並びにこの幼稚園教育要領の示すところに従い，創意工夫を生かし，幼児の心身の発達と幼稚園及び地域の実態に即応した適切な教育課程を編成するものとする。

　また，各幼稚園においては，6に示す全体的な計画にも留意しながら，「幼児期の終わりまでに育ってほしい姿」を踏まえ教育課程を編成すること，教育課程の実施状況を評価してその改善を図っていくこと，教育課程の実施に必要な人的又は物的な体制を確保するとともにその改善を図っていくことなどを通して，教育課程に基づき組織的かつ計画的に各幼稚園の教育活動の質の向上を図っていくこと（以下「カリキュラム・マネジメント」という。）に努めるものとする。

2 各幼稚園の教育目標と教育課程の編成

　教育課程の編成に当たっては，幼稚園教育において育みたい資質・能力を踏まえつつ，各幼稚園の教育目標を明確にするとともに，教育課程の編成についての基本的な方針が家庭や地域とも共有されるよう努めるものとする。

3 教育課程の編成上の基本的事項

(1) 幼稚園生活の全体を通して第2章に示すねらいが総合的に達成されるよう，教育課程に係る教育期間や幼児の生活経験や発達の過程などを考慮して具体的なねらいと内容を組織するものとする。この場合においては，特に，自我が芽生え，他者の存在を意識し，自己を抑制しようとする気持ちが生まれる幼児期の発達の特性を踏まえ，入園から修了に至るまでの長期的な視野をもって充実した生活が展開できるように配慮するものとする。

(2) 幼稚園の毎学年の教育課程に係る教育週数は，特別の事情のある場合を除き，39週を下ってはならない。

(3) 幼稚園の1日の教育課程に係る教育時間は，4時間を標準とする。ただし，幼児の心身の発達の程度や季節などに適切に配慮するものとする。

4 教育課程の編成上の留意事項

　教育課程の編成に当たっては，次の事項に留意するものとする。

(1) 幼児の生活は，入園当初の一人一人の遊びや教師との触れ合いを通して幼稚園生活に親しみ，安定していく時期から，他の幼児との関わりの中で幼児の主体的な活動が深まり，幼児が互いに必要な存在であることを認識するようになり，やがて幼児同士や学級全体で目的をもって協同して幼稚園生活を展開し，深めていく時期などに至るまでの過程を様々に経ながら広げられていくものであ

ることを考慮し，活動がそれぞれの時期にふさわしく展開されるようにすること。
　(2) 入園当初，特に，3歳児の入園については，家庭との連携を緊密にし，生活のリズムや安全面に十分配慮すること。また，満3歳児については，学年の途中から入園することを考慮し，幼児が安心して幼稚園生活を過ごすことができるよう配慮すること。
　(3) 幼稚園生活が幼児にとって安全なものとなるよう，教職員による協力体制の下，幼児の主体的な活動を大切にしつつ，園庭や園舎などの環境の配慮や指導の工夫を行うこと。
 5 　小学校教育との接続に当たっての留意事項
　(1) 幼稚園においては，幼稚園教育が，小学校以降の生活や学習の基盤の育成につながることに配慮し，幼児期にふさわしい生活を通して，創造的な思考や主体的な生活態度などの基礎を培うようにするものとする。
　(2) 幼稚園教育において育まれた資質・能力を踏まえ，小学校教育が円滑に行われるよう，小学校の教師との意見交換や合同の研究の機会などを設け，「幼児期の終わりまでに育ってほしい姿」を共有するなど連携を図り，幼稚園教育と小学校教育との円滑な接続を図るよう努めるものとする。
 6 　全体的な計画の作成
　　各幼稚園においては，教育課程を中心に，第3章に示す教育課程に係る教育時間の終了後等に行う教育活動の計画，学校保健計画，学校安全計画などとを関連させ，一体的に教育活動が展開されるよう全体的な計画を作成するものとする。

第4　指導計画の作成と幼児理解に基づいた評価
 1 　指導計画の考え方
　　幼稚園教育は，幼児が自ら意欲をもって環境と関わることによりつくり出される具体的な活動を通して，その目標の達成を図るものである。
　　幼稚園においてはこのことを踏まえ，幼児期にふさわしい生活が展開され，適切な指導が行われるよう，それぞれの幼稚園の教育課程に基づき，調和のとれた組織的，発展的な指導計画を作成し，幼児の活動に沿った柔軟な指導を行わなければならない。
 2 　指導計画の作成上の基本的事項
　(1) 指導計画は，幼児の発達に即して一人一人の幼児が幼児期にふさわしい生活を展開し，必要な体験を得られるようにするために，具体的に作成するものとする。
　(2) 指導計画の作成に当たっては，次に示すところにより，具体的なねらい及び

内容を明確に設定し，適切な環境を構成することなどにより活動が選択・展開されるようにするものとする。
　　ア　具体的なねらい及び内容は，幼稚園生活における幼児の発達の過程を見通し，幼児の生活の連続性，季節の変化などを考慮して，幼児の興味や関心，発達の実情などに応じて設定すること。
　　イ　環境は，具体的なねらいを達成するために適切なものとなるように構成し，幼児が自らその環境に関わることにより様々な活動を展開しつつ必要な体験を得られるようにすること。その際，幼児の生活する姿や発想を大切にし，常にその環境が適切なものとなるようにすること。
　　ウ　幼児の行う具体的な活動は，生活の流れの中で様々に変化するものであることに留意し，幼児が望ましい方向に向かって自ら活動を展開していくことができるよう必要な援助をすること。

　その際，幼児の実態及び幼児を取り巻く状況の変化などに即して指導の過程についての評価を適切に行い，常に指導計画の改善を図るものとする。
3　指導計画の作成上の留意事項
　指導計画の作成に当たっては，次の事項に留意するものとする。
(1) 長期的に発達を見通した年，学期，月などにわたる長期の指導計画やこれとの関連を保ちながらより具体的な幼児の生活に即した週，日などの短期の指導計画を作成し，適切な指導が行われるようにすること。特に，週，日などの短期の指導計画については，幼児の生活のリズムに配慮し，幼児の意識や興味の連続性のある活動が相互に関連して幼稚園生活の自然な流れの中に組み込まれるようにすること。
(2) 幼児が様々な人やものとの関わりを通して，多様な体験をし，心身の調和のとれた発達を促すようにしていくこと。その際，幼児の発達に即して主体的・対話的で深い学びが実現するようにするとともに，心を動かされる体験が次の活動を生み出すことを考慮し，一つ一つの体験が相互に結び付き，幼稚園生活が充実するようにすること。
(3) 言語に関する能力の発達と思考力等の発達が関連していることを踏まえ，幼稚園生活全体を通して，幼児の発達を踏まえた言語環境を整え，言語活動の充実を図ること。
(4) 幼児が次の活動への期待や意欲をもつことができるよう，幼児の実態を踏まえながら，教師や他の幼児と共に遊びや生活の中で見通しをもったり，振り返っ

たりするよう工夫すること。
(5) 行事の指導に当たっては，幼稚園生活の自然の流れの中で生活に変化や潤いを与え，幼児が主体的に楽しく活動できるようにすること。なお，それぞれの行事についてはその教育的価値を十分検討し，適切なものを精選し，幼児の負担にならないようにすること。
(6) 幼児期は直接的な体験が重要であることを踏まえ，視聴覚教材やコンピュータなど情報機器を活用する際には，幼稚園生活では得難い体験を補完するなど，幼児の体験との関連を考慮すること。
(7) 幼児の主体的な活動を促すためには，教師が多様な関わりをもつことが重要であることを踏まえ，教師は，理解者，共同作業者など様々な役割を果たし，幼児の発達に必要な豊かな体験が得られるよう，活動の場面に応じて，適切な指導を行うようにすること。
(8) 幼児の行う活動は，個人，グループ，学級全体などで多様に展開されるものであることを踏まえ，幼稚園全体の教師による協力体制を作りながら，一人一人の幼児が興味や欲求を十分に満足させるよう適切な援助を行うようにすること。
4 幼児理解に基づいた評価の実施
　幼児一人一人の発達の理解に基づいた評価の実施に当たっては，次の事項に配慮するものとする。
(1) 指導の過程を振り返りながら幼児の理解を進め，幼児一人一人のよさや可能性などを把握し，指導の改善に生かすようにすること。その際，他の幼児との比較や一定の基準に対する達成度についての評定によって捉えるものではないことに留意すること。
(2) 評価の妥当性や信頼性が高められるよう創意工夫を行い，組織的かつ計画的な取組を推進するとともに，次年度又は小学校等にその内容が適切に引き継がれるようにすること。

第5 特別な配慮を必要とする幼児への指導
1 障害のある幼児などへの指導
　障害のある幼児などへの指導に当たっては，集団の中で生活することを通して全体的な発達を促していくことに配慮し，特別支援学校などの助言又は援助を活用しつつ，個々の幼児の障害の状態などに応じた指導内容や指導方法の工夫を組織的かつ計画的に行うものとする。また，家庭，地域及び医療や福祉，保健等の業務を行う関係機関との連携を図り，長期的な視点で幼児への教育的支援を行うた

めに，個別の教育支援計画を作成し活用することに努めるとともに，個々の幼児の実態を的確に把握し，個別の指導計画を作成し活用することに努めるものとする。
2　海外から帰国した幼児や生活に必要な日本語の習得に困難のある幼児の幼稚園生活への適応

　　海外から帰国した幼児や生活に必要な日本語の習得に困難のある幼児については，安心して自己を発揮できるよう配慮するなど個々の幼児の実態に応じ，指導内容や指導方法の工夫を組織的かつ計画的に行うものとする。

第6　幼稚園運営上の留意事項

1　各幼稚園においては，園長の方針の下に，園務分掌に基づき教職員が適切に役割を分担しつつ，相互に連携しながら，教育課程や指導の改善を図るものとする。また，各幼稚園が行う学校評価については，教育課程の編成，実施，改善が教育活動や幼稚園運営の中核となることを踏まえ，カリキュラム・マネジメントと関連付けながら実施するよう留意するものとする。
2　幼児の生活は，家庭を基盤として地域社会を通じて次第に広がりをもつものであることに留意し，家庭との連携を十分に図るなど，幼稚園における生活が家庭や地域社会と連続性を保ちつつ展開されるようにするものとする。その際，地域の自然，高齢者や異年齢の子供などを含む人材，行事や公共施設などの地域の資源を積極的に活用し，幼児が豊かな生活体験を得られるように工夫するものとする。また，家庭との連携に当たっては，保護者との情報交換の機会を設けたり，保護者と幼児との活動の機会を設けたりなどすることを通じて，保護者の幼児期の教育に関する理解が深まるよう配慮するものとする。
3　地域や幼稚園の実態等により，幼稚園間に加え，保育所，幼保連携型認定こども園，小学校，中学校，高等学校及び特別支援学校などとの間の連携や交流を図るものとする。特に，幼稚園教育と小学校教育の円滑な接続のため，幼稚園の幼児と小学校の児童との交流の機会を積極的に設けるようにするものとする。また，障害のある幼児児童生徒との交流及び共同学習の機会を設け，共に尊重し合いながら協働して生活していく態度を育むよう努めるものとする。

第7　教育課程に係る教育時間終了後等に行う教育活動など

　幼稚園は，第3章に示す教育課程に係る教育時間の終了後等に行う教育活動について，学校教育法に規定する目的及び目標並びにこの章の第1に示す幼稚園教育の基本を踏まえ実施するものとする。また，幼稚園の目的の達成に資するため，幼児の生活全体が

豊かなものとなるよう家庭や地域における幼児期の教育の支援に努めるものとする。

第2章　ねらい及び内容

　この章に示すねらいは，幼稚園教育において育みたい資質・能力を幼児の生活する姿から捉えたものであり，内容は，ねらいを達成するために指導する事項である。各領域は，これらを幼児の発達の側面から，心身の健康に関する領域「健康」，人との関わりに関する領域「人間関係」，身近な環境との関わりに関する領域「環境」，言葉の獲得に関する領域「言葉」及び感性と表現に関する領域「表現」としてまとめ，示したものである。内容の取扱いは，幼児の発達を踏まえた指導を行うに当たって留意すべき事項である。

　各領域に示すねらいは，幼稚園における生活の全体を通じ，幼児が様々な体験を積み重ねる中で相互に関連をもちながら次第に達成に向かうものであること，内容は，幼児が環境に関わって展開する具体的な活動を通して総合的に指導されるものであることに留意しなければならない。

　また，「幼児期の終わりまでに育ってほしい姿」が，ねらい及び内容に基づく活動全体を通して資質・能力が育まれている幼児の幼稚園修了時の具体的な姿であることを踏まえ，指導を行う際に考慮するものとする。

　なお，特に必要な場合には，各領域に示すねらいの趣旨に基づいて適切な，具体的な内容を工夫し，それを加えても差し支えないが，その場合には，それが第1章の第1に示す幼稚園教育の基本を逸脱しないよう慎重に配慮する必要がある。

健康
〔健康な心と体を育て，自ら健康で安全な生活をつくり出す力を養う。〕
1　ねらい
　(1) 明るく伸び伸びと行動し，充実感を味わう。
　(2) 自分の体を十分に動かし，進んで運動しようとする。
　(3) 健康，安全な生活に必要な習慣や態度を身に付け，見通しをもって行動する。
2　内容
　(1) 先生や友達と触れ合い，安定感をもって行動する。
　(2) いろいろな遊びの中で十分に体を動かす。
　(3) 進んで戸外で遊ぶ。
　(4) 様々な活動に親しみ，楽しんで取り組む。
　(5) 先生や友達と食べることを楽しみ，食べ物への興味や関心をもつ。

(6) 健康な生活のリズムを身に付ける。
(7) 身の回りを清潔にし，衣服の着脱，食事，排泄などの生活に必要な活動を自分でする。
(8) 幼稚園における生活の仕方を知り，自分たちで生活の場を整えながら見通しをもって行動する。
(9) 自分の健康に関心をもち，病気の予防などに必要な活動を進んで行う。
(10) 危険な場所，危険な遊び方，災害時などの行動の仕方が分かり，安全に気を付けて行動する。

3 内容の取扱い

上記の取扱いに当たっては，次の事項に留意する必要がある。

(1) 心と体の健康は，相互に密接な関連があるものであることを踏まえ，幼児が教師や他の幼児との温かい触れ合いの中で自己の存在感や充実感を味わうことなどを基盤として，しなやかな心と体の発達を促すこと。特に，十分に体を動かす気持ちよさを体験し，自ら体を動かそうとする意欲が育つようにすること。
(2) 様々な遊びの中で，幼児が興味や関心，能力に応じて全身を使って活動することにより，体を動かす楽しさを味わい，自分の体を大切にしようとする気持ちが育つようにすること。その際，多様な動きを経験する中で，体の動きを調整するようにすること。
(3) 自然の中で伸び伸びと体を動かして遊ぶことにより，体の諸機能の発達が促されることに留意し，幼児の興味や関心が戸外にも向くようにすること。その際，幼児の動線に配慮した園庭や遊具の配置などを工夫すること。
(4) 健康な心と体を育てるためには食育を通じた望ましい食習慣の形成が大切であることを踏まえ，幼児の食生活の実情に配慮し，和やかな雰囲気の中で教師や他の幼児と食べる喜びや楽しさを味わったり，様々な食べ物への興味や関心をもったりするなどし，食の大切さに気付き，進んで食べようとする気持ちが育つようにすること。
(5) 基本的な生活習慣の形成に当たっては，家庭での生活経験に配慮し，幼児の自立心を育て，幼児が他の幼児と関わりながら主体的な活動を展開する中で，生活に必要な習慣を身に付け，次第に見通しをもって行動できるようにすること。
(6) 安全に関する指導に当たっては，情緒の安定を図り，遊びを通して安全についての構えを身に付け，危険な場所や事物などが分かり，安全についての理解を深めるようにすること。また，交通安全の習慣を身に付けるようにするとともに，避難訓練などを通して，災害などの緊急時に適切な行動がとれるようにすること。

人間関係
〔他の人々と親しみ，支え合って生活するために，自立心を育て，人と関わる力を養う。〕
1 ねらい
　(1) 幼稚園生活を楽しみ，自分の力で行動することの充実感を味わう。
　(2) 身近な人と親しみ，関わりを深め，工夫したり，協力したりして一緒に活動する楽しさを味わい，愛情や信頼感をもつ。
　(3) 社会生活における望ましい習慣や態度を身に付ける。
2 内容
　(1) 先生や友達と共に過ごすことの喜びを味わう。
　(2) 自分で考え，自分で行動する。
　(3) 自分でできることは自分でする。
　(4) いろいろな遊びを楽しみながら物事をやり遂げようとする気持ちをもつ。
　(5) 友達と積極的に関わりながら喜びや悲しみを共感し合う。
　(6) 自分の思ったことを相手に伝え，相手の思っていることに気付く。
　(7) 友達のよさに気付き，一緒に活動する楽しさを味わう。
　(8) 友達と楽しく活動する中で，共通の目的を見いだし，工夫したり，協力したりなどする。
　(9) よいことや悪いことがあることに気付き，考えながら行動する。
　(10) 友達との関わりを深め，思いやりをもつ。
　(11) 友達と楽しく生活する中できまりの大切さに気付き，守ろうとする。
　(12) 共同の遊具や用具を大切にし，皆で使う。
　(13) 高齢者をはじめ地域の人々などの自分の生活に関係の深いいろいろな人に親しみをもつ。
3 内容の取扱い
　上記の取扱いに当たっては，次の事項に留意する必要がある。
　(1) 教師との信頼関係に支えられて自分自身の生活を確立していくことが人と関わる基盤となることを考慮し，幼児が自ら周囲に働き掛けることにより多様な感情を体験し，試行錯誤しながら諦めずにやり遂げることの達成感や，前向きな見通しをもって自分の力で行うことの充実感を味わうことができるよう，幼児の行動を見守りながら適切な援助を行うようにすること。
　(2) 一人一人を生かした集団を形成しながら人と関わる力を育てていくようにすること。その際，集団の生活の中で，幼児が自己を発揮し，教師や他の幼児に認められる体験をし，自分のよさや特徴に気付き，自信をもって行動できるようにすること。

(3) 幼児が互いに関わりを深め，協同して遊ぶようになるため，自ら行動する力を育てるようにするとともに，他の幼児と試行錯誤しながら活動を展開する楽しさや共通の目的が実現する喜びを味わうことができるようにすること。
　(4) 道徳性の芽生えを培うに当たっては，基本的な生活習慣の形成を図るとともに，幼児が他の幼児との関わりの中で他人の存在に気付き，相手を尊重する気持ちをもって行動できるようにし，また，自然や身近な動植物に親しむことなどを通して豊かな心情が育つようにすること。特に，人に対する信頼感や思いやりの気持ちは，葛藤やつまずきをも体験し，それらを乗り越えることにより次第に芽生えてくることに配慮すること。
　(5) 集団の生活を通して，幼児が人との関わりを深め，規範意識の芽生えが培われることを考慮し，幼児が教師との信頼関係に支えられて自己を発揮する中で，互いに思いを主張し，折り合いを付ける体験をし，きまりの必要性などに気付き，自分の気持ちを調整する力が育つようにすること。
　(6) 高齢者をはじめ地域の人々などの自分の生活に関係の深いいろいろな人と触れ合い，自分の感情や意志を表現しながら共に楽しみ，共感し合う体験を通して，これらの人々などに親しみをもち，人と関わることの楽しさや人の役に立つ喜びを味わうことができるようにすること。また，生活を通して親や祖父母などの家族の愛情に気付き，家族を大切にしようとする気持ちが育つようにすること。

環境
〔周囲の様々な環境に好奇心や探究心をもって関わり，それらを生活に取り入れていこうとする力を養う。〕
1　ねらい
　(1) 身近な環境に親しみ，自然と触れ合う中で様々な事象に興味や関心をもつ。
　(2) 身近な環境に自分から関わり，発見を楽しんだり，考えたりし，それを生活に取り入れようとする。
　(3) 身近な事象を見たり，考えたり，扱ったりする中で，物の性質や数量，文字などに対する感覚を豊かにする。
2　内容
　(1) 自然に触れて生活し，その大きさ，美しさ，不思議さなどに気付く。
　(2) 生活の中で，様々な物に触れ，その性質や仕組みに興味や関心をもつ。
　(3) 季節により自然や人間の生活に変化のあることに気付く。
　(4) 自然などの身近な事象に関心をもち，取り入れて遊ぶ。

(5) 身近な動植物に親しみをもって接し，生命の尊さに気付き，いたわったり，大切にしたりする。
(6) 日常生活の中で，我が国や地域社会における様々な文化や伝統に親しむ。
(7) 身近な物を大切にする。
(8) 身近な物や遊具に興味をもって関わり，自分なりに比べたり，関連付けたりしながら考えたり，試したりして工夫して遊ぶ。
(9) 日常生活の中で数量や図形などに関心をもつ。
(10) 日常生活の中で簡単な標識や文字などに関心をもつ。
(11) 生活に関係の深い情報や施設などに興味や関心をもつ。
(12) 幼稚園内外の行事において国旗に親しむ。

3　内容の取扱い

上記の取扱いに当たっては，次の事項に留意する必要がある。
(1) 幼児が，遊びの中で周囲の環境と関わり，次第に周囲の世界に好奇心を抱き，その意味や操作の仕方に関心をもち，物事の法則性に気付き，自分なりに考えることができるようになる過程を大切にすること。また，他の幼児の考えなどに触れて新しい考えを生み出す喜びや楽しさを味わい，自分の考えをよりよいものにしようとする気持ちが育つようにすること。
(2) 幼児期において自然のもつ意味は大きく，自然の大きさ，美しさ，不思議さなどに直接触れる体験を通して，幼児の心が安らぎ，豊かな感情，好奇心，思考力，表現力の基礎が培われることを踏まえ，幼児が自然との関わりを深めることができるよう工夫すること。
(3) 身近な事象や動植物に対する感動を伝え合い，共感し合うことなどを通して自分から関わろうとする意欲を育てるとともに，様々な関わり方を通してそれらに対する親しみや畏敬の念，生命を大切にする気持ち，公共心，探究心などが養われるようにすること。
(4) 文化や伝統に親しむ際には，正月や節句など我が国の伝統的な行事，国歌，唱歌，わらべうたや我が国の伝統的な遊びに親しんだり，異なる文化に触れる活動に親しんだりすることを通じて，社会とのつながりの意識や国際理解の意識の芽生えなどが養われるようにすること。
(5) 数量や文字などに関しては，日常生活の中で幼児自身の必要感に基づく体験を大切にし，数量や文字などに関する興味や関心，感覚が養われるようにすること。

言葉

〔経験したことや考えたことなどを自分なりの言葉で表現し，相手の話す言葉を聞こうとする意欲や態度を育て，言葉に対する感覚や言葉で表現する力を養う。〕

1　ねらい
(1)　自分の気持ちを言葉で表現する楽しさを味わう。
(2)　人の言葉や話などをよく聞き，自分の経験したことや考えたことを話し，伝え合う喜びを味わう。
(3)　日常生活に必要な言葉が分かるようになるとともに，絵本や物語などに親しみ，言葉に対する感覚を豊かにし，先生や友達と心を通わせる。

2　内容
(1)　先生や友達の言葉や話に興味や関心をもち，親しみをもって聞いたり，話したりする。
(2)　したり，見たり，聞いたり，感じたり，考えたりなどしたことを自分なりに言葉で表現する。
(3)　したいこと，してほしいことを言葉で表現したり，分からないことを尋ねたりする。
(4)　人の話を注意して聞き，相手に分かるように話す。
(5)　生活の中で必要な言葉が分かり，使う。
(6)　親しみをもって日常の挨拶をする。
(7)　生活の中で言葉の楽しさや美しさに気付く。
(8)　いろいろな体験を通じてイメージや言葉を豊かにする。
(9)　絵本や物語などに親しみ，興味をもって聞き，想像をする楽しさを味わう。
(10)　日常生活の中で，文字などで伝える楽しさを味わう。

3　内容の取扱い
上記の取扱いに当たっては，次の事項に留意する必要がある。
(1)　言葉は，身近な人に親しみをもって接し，自分の感情や意志などを伝え，それに相手が応答し，その言葉を聞くことを通して次第に獲得されていくものであることを考慮して，幼児が教師や他の幼児と関わることにより心を動かされるような体験をし，言葉を交わす喜びを味わえるようにすること。
(2)　幼児が自分の思いを言葉で伝えるとともに，教師や他の幼児などの話を興味をもって注意して聞くことを通して次第に話を理解するようになっていき，言葉による伝え合いができるようにすること。
(3)　絵本や物語などで，その内容と自分の経験とを結び付けたり，想像を巡らせたりするなど，楽しみを十分に味わうことによって，次第に豊かなイメージをもち，言葉に対する感覚が養われるようにすること。

(4) 幼児が生活の中で，言葉の響きやリズム，新しい言葉や表現などに触れ，これらを使う楽しさを味わえるようにすること。その際，絵本や物語に親しんだり，言葉遊びなどをしたりすることを通して，言葉が豊かになるようにすること。
(5) 幼児が日常生活の中で，文字などを使いながら思ったことや考えたことを伝える喜びや楽しさを味わい，文字に対する興味や関心をもつようにすること。

表現
〔感じたことや考えたことを自分なりに表現することを通して，豊かな感性や表現する力を養い，創造性を豊かにする。〕
1　ねらい
　(1) いろいろなものの美しさなどに対する豊かな感性をもつ。
　(2) 感じたことや考えたことを自分なりに表現して楽しむ。
　(3) 生活の中でイメージを豊かにし，様々な表現を楽しむ。
2　内容
　(1) 生活の中で様々な音，形，色，手触り，動きなどに気付いたり，感じたりするなどして楽しむ。
　(2) 生活の中で美しいものや心を動かす出来事に触れ，イメージを豊かにする。
　(3) 様々な出来事の中で，感動したことを伝え合う楽しさを味わう。
　(4) 感じたこと，考えたことなどを音や動きなどで表現したり，自由にかいたり，つくったりなどする。
　(5) いろいろな素材に親しみ，工夫して遊ぶ。
　(6) 音楽に親しみ，歌を歌ったり，簡単なリズム楽器を使ったりなどする楽しさを味わう。
　(7) かいたり，つくったりすることを楽しみ，遊びに使ったり，飾ったりなどする。
　(8) 自分のイメージを動きや言葉などで表現したり，演じて遊んだりするなどの楽しさを味わう。
3　内容の取扱い
　上記の取扱いに当たっては，次の事項に留意する必要がある。
　(1) 豊かな感性は，身近な環境と十分に関わる中で美しいもの，優れたもの，心を動かす出来事などに出会い，そこから得た感動を他の幼児や教師と共有し，様々に表現することなどを通して養われるようにすること。その際，風の音や雨の音，身近にある草や花の形や色など自然の中にある音，形，色などに気付くようにすること。
　(2) 幼児の自己表現は素朴な形で行われることが多いので，教師はそのような表現

を受容し，幼児自身の表現しようとする意欲を受け止めて，幼児が生活の中で幼児らしい様々な表現を楽しむことができるようにすること。
  (3) 生活経験や発達に応じ，自ら様々な表現を楽しみ，表現する意欲を十分に発揮させることができるように，遊具や用具などを整えたり，様々な素材や表現の仕方に親しんだり，他の幼児の表現に触れられるよう配慮したりし，表現する過程を大切にして自己表現を楽しめるように工夫すること。

第3章 教育課程に係る教育時間の終了後等に行う教育活動などの留意事項

1 地域の実態や保護者の要請により，教育課程に係る教育時間の終了後等に希望する者を対象に行う教育活動については，幼児の心身の負担に配慮するものとする。また，次の点にも留意するものとする。
  (1) 教育課程に基づく活動を考慮し，幼児期にふさわしい無理のないものとなるようにすること。その際，教育課程に基づく活動を担当する教師と緊密な連携を図るようにすること。
  (2) 家庭や地域での幼児の生活も考慮し，教育課程に係る教育時間の終了後等に行う教育活動の計画を作成するようにすること。その際，地域の人々と連携するなど，地域の様々な資源を活用しつつ，多様な体験ができるようにすること。
  (3) 家庭との緊密な連携を図るようにすること。その際，情報交換の機会を設けたりするなど，保護者が，幼稚園と共に幼児を育てるという意識が高まるようにすること。
  (4) 地域の実態や保護者の事情とともに幼児の生活のリズムを踏まえつつ，例えば実施日数や時間などについて，弾力的な運用に配慮すること。
  (5) 適切な責任体制と指導体制を整備した上で行うようにすること。
2 幼稚園の運営に当たっては，子育ての支援のために保護者や地域の人々に機能や施設を開放して，園内体制の整備や関係機関との連携及び協力に配慮しつつ，幼児期の教育に関する相談に応じたり，情報を提供したり，幼児と保護者との登園を受け入れたり，保護者同士の交流の機会を提供したりするなど，幼稚園と家庭が一体となって幼児と関わる取組を進め，地域における幼児期の教育のセンターとしての役割を果たすよう努めるものとする。その際，心理や保健の専門家，地域の子育て経験者等と連携・協働しながら取り組むよう配慮するものとする。

幼稚園における道徳性の芽生えを培うための事例集
作成協力者（50音順、敬省略）

（職名は平成13年3月現在）

赤石 元子	東京学芸大学附属幼稚園教諭
植松 紀子	こどもの城小児保健部臨床心理士
榎沢 良彦	富山大学助教授
遠藤 賢	江戸川区立鹿本幼稚園ＰＴＡ会長
大窪 修二	社団法人日本ＰＴＡ全国協議会副会長
河邉 貴子	立教女学院短期大学専任講師
木村 恵子	調布市立深大寺小学校教頭
小山 孝子	おだ学園幼稚園副園長
柴崎 正行	東京家政大学教授
仙田 晃	江東区立みどり幼稚園教諭
曽我 佳子	神戸市立神戸幼稚園教諭
友定 啓子	山口大学教授
中山 博子	大田区立松仙幼稚園長
福田 洋子	茨城県教育委員会指導主事
無藤 隆	お茶の水女子大学教授
村上 徹也	社団法人日本青年奉仕教会事務部長
山岸 明子	順天堂医療短期大学教授
若松 安子	昭島恵泉幼稚園長

なお、文部科学省においては、次の物が本書の編集に当たった。

小松 親次郎	文部科学省初等中等教育局幼児教育課長
小田 豊	文部科学省初等中等教育局視学官
角田 祐一	文部科学省初等中等教育局幼児教育課幼児教育企画官
神長 美津子	文部科学省初等中等教育局幼児教育課教科調査官
浅子 藤郎	文部科学省初等中等教育局幼児教育課子育て支援指導官
本田 史子	文部科学省初等中等教育局幼児教育課指導係長

（編集協力）

峯 晋	佐賀県教育委員会学校教育課指導主事

幼稚園における道徳性の
芽生えを培うための事例集　MEXT 2-0107

| 平成13年6月29日 | 初版発行 |
| 平成29年9月1日 | 17版発行 |

著作権所有　文部科学省

発行者　ひかりのくに株式会社
〒543-0001　大阪市天王寺区上本町3-2
代表者　岡本　功

印刷所　図書印刷株式会社沼津工場
〒410-0398　静岡県沼津市大塚15
代表者　川田和照

発行所　ひかりのくに株式会社
〒543-0001　大阪市天王寺区上本町3-2
電話　営業 06-6768-1155　編集 06-6768-1154　振替 00920-2-11855

ISBN978-4-564-60098-2　　　　定価（本体130円＋税）

●● ひかりのくに出版案内 ●●

幼児期から児童期への教育

幼稚園・保育所と小学校との連携が具体的に示された指導書!!

- ●国立教育政策研究所
  教育課程研究センター・編
- ●ひかりのくに（株）・刊
- ●Ａ５判／１９４頁
- ●定価：６３０円（本体６００円）
- ●表紙・本文共４色刷り
- ●ISBN９７８-４-５６４-６００９７-５

出版の経緯

幼児教育と小学校教育において、今、その連携・接続が重要な課題のひとつとなってきています。国立教育政策研究所では、平成16年、指導資料作成協力者会議を発足させ、無藤隆・白梅学園短期大学学長を座長に、幼児期から児童期への教育について研究を進め、このほど指導資料としてまとめられたのが本書です。

活用方法

1. 幼稚園や保育所と小学校との連携に役立つ情報や資料を基に、園内研修のテキストに活用できます。
2. 年齢別の実践事例が数多く紹介されており、特に小学校入学を控えたクラスの保育が充実したものになります。

本書の内容

幼児期から児童期への教育について基本的な事項として、「幼児期の発達の特性を踏まえること」「幼児期から児童期への発達を促す教育であること」「小学校との連続性を図ること」「幼児期の生活経験と学びが学校教育の基盤となっていくこと」が挙げられています。
本書では、
第１章で幼稚園教育に期待されること
第２章で幼児期から児童期への教育を豊かにする視点
第３章で実践事例(満３歳児〜５歳児)及び小学１年生の生活科……など、
具体的にわかりやすく解説しています。